北京大学医学网络教育学院

校外学习中心质量管理标准

Quality Management Standard for Distance Learning Center

主　编　高澍苹
副主编　毛春雷　孙宝芝　李　菲
参编人员（按姓名汉语拼音排序）
　　　　安小华　陈　丽　冯　琼　韩晶晶　孔繁菁
　　　　李　菲　李华华　刘海英　王　丽　吴　爽
　　　　夏　阳　夏素华　肖　飞　张爱民　张海澄
　　　　张树林　张　翼

北京大学医学出版社

XIAOWAI XUEXI ZHONGXIN ZHILIANG GUANLI BIAOZHUN

图书在版编目（CIP）数据

校外学习中心质量管理标准 / 高澍苹主编. — 北京：北京大学医学出版社，2015.9
　ISBN 978-7-5659-1217-7

　Ⅰ. ①北… Ⅱ. ①高… Ⅲ. ①高等教育—网络教育—教育质量—质量管理—标准—北京市 Ⅳ. ①G434-65 ②G64-65

　中国版本图书馆CIP数据核字（2015）第207362号

校外学习中心质量管理标准

主　　编：高澍苹
出版发行：北京大学医学出版社
地　　址：（100191）北京市海淀区学院路38号　北京大学医学部院内
电　　话：发行部 010-82802230；图书邮购 010-82802495
网　　址：http://www.pumpress.com.cn
E-mail：booksale@bjmu.edu.cn
印　　刷：北京瑞达方舟印务有限公司
经　　销：新华书店
责任编辑：韩忠刚　　责任校对：金彤文　　责任印制：罗德刚
开　　本：787 mm×1092 mm　1/16　印张：11　字数：282千字
版　　次：2015年9月第1版　2015年9月第1次印刷
书　　号：ISBN 978-7-5659-1217-7
定　　价：29.00元
版权所有，违者必究
（凡属质量问题请与本社发行部联系退换）

质量方针

管理规范，资源优秀，
服务满意，技术可靠，
提供一流的医学远程教育。

质量目标

1. 教学服务提供行业领先；
2. 学习支持服务的有效提供覆盖率≥89%；
3. 投诉解决率＝100%；
4. 学生满意度≥80

《校外学中心质量管理标准》
编委会

主　任　高澍苹
副主任　孙宝芝　王　丽
委　员（按姓名汉语拼音排序）

　　　　　　安小华　堵文静　冯　琼　高澍苹　韩晶晶
　　　　　　孔繁菁　李　菲　李华华　毛春雷　孙宝芝
　　　　　　王　丽　吴　爽　夏　阳　夏素华　肖　飞
　　　　　　张　翼　张海澄　张树林　赵雪松　朱辰未

序

20世纪90年代初，在我国的大地上掀起了一股"9000热"，这股热潮持续了大约有十几年之久。现在人们似乎比过去冷静了一些。

二十多年后的今天，我们也的确应该坐下来认真地思考一些问题了。比如：

——当初，为什么会热？原因到底是什么？

——后来为什么降温了？哪些因素引起的降温？

——这些年，9000标准都有哪些变化？为什么会产生这些变化？

——9000标准到底有没有用？如果没用，国际标准化组织（ISO）为什么还要不断地修订它？如果有用，其用处又表现在哪里？

上述问题中，可能最引起人们关注的是最后一个问题。因为其他问题都属于历史问题，一般的标准使用者不太会关心这类问题。而最后一个问题是现实问题，而且是已经和将要应用9000标准的组织都普遍感到困惑的问题。

现在，你手中拿到的这本书，再加上北京大学医学网络教育学院这十几年的管理经验，应该能够使绝大多数组织解除当前在应用9000标准时的困惑。

当你看完了这本书，了解了北京大学医学网络教育学院这十几年走过的路，就会知道，任何组织都需要管理，任何管理都需要长期的努力。应用ISO9000国际标准建立和实施质量管理体系也不例外。那种买几本标准和教材，让手下人看看，再送出去学学，请几个"专家"咨询一下，帮助编写体系文件，最后找一家能使"客户满意"的审核机构取得通过认证的证书，怎么能是一种有效的管理呢？一张证书能代替你在管理之路上付出的艰辛吗？这和某些人在中关村的过街天桥上买一本北大、清华的毕业证书又有什么两样？

2015版的ISO9000标准即将发布，所有按照9000标准建立和实施质量管理体系的组织中的管理者，尤其是最高管理者，都应该认真地思考一下了，今后，我们的9000之路该如何走？如果对9000标准还抱有希望，那就最好能静下心来，看看这本书，如果有机会再到北京大学医学网络教育学院学习一下就更好。

标杆的主要作用是对比，通过与北京大学医学网络教育学院这十几年所走过的路相比，你也许能找到一条更适合你自己的组织发展的应用9000标准的质量管理体系之路，这样，此书的出版就更加有意义。北京大学医学网络教育学院十几年的管理实践，也许因此而有意外收获！

中国标准化研究院 李镜
2015年6月1日于北京

前　言

继 2002 年北京大学医学网络教育学院建立、实施 ISO9001：2008 版质量管理体系，并通过认证，相继出版《远程教育 ISO 9001:2008 质量管理实务》第一、二版后，2013 年北京大学医学网络教育学院为使远程教育学习支持服务质量满足社会需求，又将远程教育质量管理体系下延至所属校外学习中心，建立了《北京大学医学网络教育学院校外学习中心质量管理标准》，得到了所属学习中心的一致认可和积极响应。2014 年末实施的北京大学医学网络教育学院校外学习中心质量管理贯标评估证实，通过严格贯标，校外学习中心学习支持质量均达到了标准要求，实现了远程教育学习支持服务的规范化、科学化，有效规避了招生、考试及安全等方面的风险，为当前政府及社会所关注的远程教育质量管理和保证积累了有益的经验。

《北京大学医学网络教育学院校外学习中心质量管理标准》由北京大学医学网络教育学院学习支持管理部门牵头，相关部门参与组成的编写组编制，经由学院高层、中层和各校外学习中心专家组成的审核组审核，历经初审、复审、终审各环节，六易其稿而成。2015 年又在实施发现问题的基础上，本着持续改进的宗旨，再度进行修订。

《北京大学医学网络教育学院校外学习中心质量管理标准》覆盖了教育部办公厅《关于印发＜关于现代远程教育校外学习中心（点）建设和管理的原则意见＞（试行）的通知》（教高厅 [2002]1 号）所赋予远程教育校外学习中心 9 项职责所涉及的全部过程，分管理制度篇和工作流程篇分别对校外学习中心管理和业务工作的要求及操作规范做出规定。管理制度篇包括校外学习中心管理细则、组织管理制度、培训管理制度、安全管理制度、质量管理体系实施考评细则及招生、学籍、考务等 29 项规定。工作流程篇包括了校外学习中心常规工作、招生、新生培训、选课督导、教材管理、督学、政府考试组织、学院考试、毕业实习管理和学籍异动管理等 11 个工作流程。标准还在附录中提供了与远程教育相关的法律法规清单，供校外学习中心作为制定制度的依据。标准所涵法规、制度、流程齐全、配套，体现了全面性、系统性、逻辑性、规范性、实操性、追溯性、科学性、创新性和增值性的特征，符合 ISO9001：2008 国际质量管理体系标准要求。《北京大学医学网络教育学院校外学习中心质量管理标准》是远程教育校外学习中心质量管理的创新实践和 ISO9000 国际质量管理体系标准的应用实践。

21 世纪是质量的世纪，质量将成为社会发展的强大驱动力。21 世纪中国远程教育面临着质量与发展的挑战，校外学习中心是远程教育系统的周围神经，校外学习中心的服务质量直接影响远程教育的服务质量。探索校外学习中心质量管理之道已成为各远程教育主办校的共同行动。《北京大学医学网络教育学院校外学习中心质量管理标准》的作用正在于规范校外学习中心的建设，规范校外学习中心的工作、规范校外学习中心的管理，确保校外学习中心的服务质量。出版《北京大学医学网络教育学院校外学习中心质量管理标准》旨在顺势而为，为校外学习中心的质量管理提供标准参考，提供经验借鉴。期望标准的出版能为远程教育主办校和校外学习中心的质量管理者提供所需的管理思路和管理方法,起到抛砖引玉的作用。

《北京大学医学网络教育学院校外学习中心质量管理标准》的编制与修订得到学院各级领导和各校外学习中心的支持与协助,是参编、参审人员共同努力的结果,是学院和各学习中心集体智慧的结晶,在此一并致谢!

北京大学医学网络教育学院 编写组

2015 年 5 月

目　录

北京大学医学网络教育学院校外学习中心质量管理标准颁布令 1

管理制度篇

北京大学医学网络教育学院校外学习中心管理细则 5
北京大学医学网络教育学院校外学习中心组织管理制度 10
北京大学医学网络教育学院校外学习中心培训管理制度 17
北京大学医学网络教育学院校外学习中心安全管理制度 19
北京大学医学网络教育学院校外学习中心招生工作管理办法 21
北京大学医学网络教育学院入学资格初审办法 25
北京大学医学网络教育学院关于跨专业学生的认定及加修课程的管理规定 31
北京大学医学网络教育学院单科学习转在籍管理办法 33
北京大学医学网络教育学院学籍管理规定 35
北京大学医学网络教育学院学生学籍档案管理办法 37
北京大学医学网络教育学院学生证件管理规定 40
北京大学医学网络教育学院关于授予本科毕业生学士学位的管理规定 42
北京大学医学网络教育学院学生收、退费管理规定 44
北京大学医学网络教育学院学分制管理办法 46
北京大学医学网络教育学院关于选课管理规定 50
北京大学医学网络教育学院关于课程学分互认管理规定 52
北京大学医学网络教育学院关于课程免修管理规定 54
北京大学医学网络教育学院关于课程免考管理规定 56
北京大学医学网络教育学院关于毕业实习管理规定 59
北京大学医学网络教育学院学生用学习材料管理规定 62
北京大学医学网络教育学院关于课程考核与成绩管理规定 63
北京大学医学网络教育学院关于课程单科选修管理规定 65
北京大学医学网络教育学院学士学位论文撰写规定 66
北京大学医学网络教育学院关于落实本科层次公共基础课全国统一考试的管理规定 68
北京大学医学网络教育学院关于学习中心教师用书的管理办法 70
北京大学医学网络教育学院校外学习中心考务管理规定 71
北京大学医学网络教育学院考场纪律与违纪处理规定 76
北京大学医学网络教育学院档案管理办法 78
北京大学医学网络教育学院校外学习中心质量管理体系实施考评细则 81

工作流程篇

校外学习中心常规工作流程 87
校外学习中心招生工作流程 96
校外学习中心新生培训工作流程 107
校外学习中心选课督导工作流程 113
校外学习中心教材管理工作流程 115
校外学习中心督学工作流程 120
校外学习中心政府考试组织工作流程 128
校外学习中心毕业实习管理流程 134
校外学习中心学院考试工作流程 155
校外学习中心单科学习转在籍管理工作流程 163

相关法律法规文件 164

北京大学医学网络教育学院
校外学习中心质量管理标准颁布令

　　为使北京大学医学网络教育校外学习中心（以下简称学习中心）的管理水平与国际接轨，达到科学化、规范化、标准化管理要求，依据教育部办公厅《教育部关于现代远程教育校外学习中心（点）建设和管理的原则意见（试行）》（教高厅〔2002〕1号）《现代远程教育校外学习中心（点）暂行管理办法》（教高厅〔2003〕2号）和 GB/T19001-2008 idt ISO9001:2008《质量管理体系 - 要求》标准，结合北京大学医学网络教育学院（以下简称学院）实际，学院于 2013 年制定了《北京大学医学网络教育学院校外学习中心质量管理标准》，编制了《校外学习中心质量管理标准》一书。经学习中心专家和学院中、高层领导审定，该标准覆盖常规管理、组织管理、培训管理、安全管理、招生管理、学习支持管理、学籍管理、考务管理等全业务环节，制度、流程成龙配套，体现了体系的全面性、系统性、逻辑性、规范性、实操性、追溯性、科学性、创新性和增值性，满足法律法规对远程教育校外学习中心的要求，实现了校外学习中心工作的全过程标准化管理。

　　2015 年本着持续改进的宗旨，学院组织相关部门对 2013 版《北京大学医学网络教育学院校外学习中心质量管理标准》进行了修订，形成 2015 版北京大学医学网络教育学院《校外学习中心质量管理标准》。经审核，2015 版该标准符合北京大学医学网络教育学院质量管理体系要求，现予以批准颁布，并从颁布之日起实施。希望学院相关部门及学习中心全体员工认真学习并严格贯彻实施。

批准人：高澍苹

批准日期：2015 年 5 月 20 日

管理制度篇

北京大学医学网络教育学院
校外学习中心管理细则

　　北京大学医学网络教育校外学习中心（以下简称学习中心）是获所在地省级教育行政部门批准，接受北京大学医学网络教育学院（以下简称北医网院）的委托，根据北医网院统一要求和工作安排，配合北医网院进行招生宣传、生源组织、学生学习支持、学籍和日常管理，开展现代远程教育支持服务的机构。为规范学习中心的组织建设、制度建设、设施建设，依据教育部办公厅《教育部关于现代远程教育校外学习中心（点）建设和管理的原则意见（试行）》（教高厅〔2002〕1号）和《现代远程教育校外学习中心（点）暂行管理办法》（教高厅〔2003〕2号），结合北医网院实际，特制定本细则。本细则适用于学习中心的总体管理。

一、思想建设

（一）学习中心应具备的理念和意识

1. 现代远程教育的理念

学习中心全体员工须掌握现代远程教育的概念、特征、形式和功能，明晰学习中心的地位、职能和作用。

2. 为现代远程教育学生服务的意识

学习中心是开展现代远程教育支持服务的机构，是传递教学内容，实现远程教学过程的重要保证。学习中心的地位决定了强化学习中心服务意识的重要性。

3. 规范助学意识

学习中心须严格执行国家、所辖行政区和学院有关现代远程教育的法律法规和各项规章制度，强化规范助学意识，杜绝点外设点、非法经营、乱收费等一切违法、违规行为。

4. 知识产权保护意识

学习中心对主办校教学资源知识产权履行保护义务，不得超范围使用。对于教学用的课件，其使用范围仅限于注册学生的学习和复习，由学习中心副主任指定专人管理，在教学中心内集中使用，未经许可不得扩散、不得私自翻录和转借其他单位和个人。否则，按侵犯北医网院现代远程教育教学课件知识产权，追究教学中心领导及当事人的责任。

（二）思想建设途径

1. 学习中心须关注和搜集国家、地方和学院有关现代远程教育各项新政策、新规定，并及时传达到相关人员。

2. 通过组织学习、培训等各种途径，宣传有关法律法规，使员工知法、懂法、执法。

二、组织建设

学习中心的组织建设依据教育部和北医网院要求，执行《北京大学医学网络教育学院校外学习中心组织管理制度》。

三、基础设施和学习资源建设

（一）网络设施

1. 具有百兆以上局域网条件，并与 CHINANET 或 CERNET 等国家公用的传输网络连接，至少有 512kb 以上的接入带宽。
2. 具有功能和数量符合教学要求的专用服务器。
3. 可在局域网上存储和共享教学信息。
4. 具有符合北医网院要求的教学信息资源接收系统。

（二）学习环境

1. 具有符合教学要求的多媒体网络教室，配备联网多媒体计算机、视频投影机或大屏幕投影电视、双向视频教学系统、不间断电源等设备。
2. 有相对独立的场所，教学服务设施齐备和相对集中，学习环境优良。
3. 联网多媒体计算机能满足到校学生学习要求，总数量不少于 50 台。
4. 具有正常的操作系统软件，具备正常访问学院教学平台、正常播放学院课件的条件。
5. 配备专业教学需要的实验室。

（三）安全保障

1. 遵守国家计算机与网络安全管理条例，有专人负责网络安全，能有效防止非法信息的传入与扩散。
2. 建筑结构和强度符合国家安全标准，具有齐备的有效使用的防火设施和安全通道。
3. 符合国家与地方有关安全、消防、卫生等方面的要求。

（四）其他设施

1. 具备专业实习所需的实习基地。
（1）开设护理学专业的学习中心，应具备二级甲等及以上医院作为实习基地。
（2）开设药学专业的学习中心，应具备具有一定教学条件的医院、药厂、药店及药事管理机构作为实习基地。
2. 提供开展学生活动的场所。
3. 有为学生服务的复印、打印、传真等设施。
4. 应配有专用办公室，专用办公室备有上网计算机、长途电话等。

（五）学习资源

1. 及时发放各类教材及其他教学资料。
2. 在学习中心能快捷访问、获取主办高校的网上学习资源。
3. 提供学生利用图书资料或主办高校的数字图书馆或社会公共数字图书馆的条件。
4. 有引导、促进学生利用网络资源的激励措施和保证措施。

四、规章制度建设

学习中心应结合工作实际，在执行国家、地方和学院相关规章制度的同时，制定学习中心相应规章制度并定期评审，依据需求实施规章制度的废、改、立。

（一）规章制度制定的原则
1. 符合国家、地方法律法规以及北医网院有关规定。
2. 符合学习中心工作实际。
3. 广泛征求相关人员意见。
4. 文字简练准确、结构规范严谨、程序符合要求。

（二）规章制度制定的流程
1. 需求分析：由责任人负责对规章制度的修改或制定提出必要性分析并交学习中心副主任确认。
2. 制度起草：由责任人负责依据制定原则起草。
3. 征求意见：起草完成后由责任人负责征求相关人员意见并修改，涉及聘用、薪酬发放、财务等易产生纠纷内容时，应交法律顾问审核。
4. 批准发布：学习中心规章制度由中心主任批准发布。
5. 备案归档：学习中心规章制度批准发布后，由副主任负责将制度和审批记录归档保存。

五、计划制度

学习中心须于每年1月依据北医网院年度工作要求，结合学习中心上年度总结发现问题及本年度工作实际，制订学习中心年度工作计划，计划应包括年度工作目标，主要工作任务和解决问题，保障措施等。计划电子版通过中心管理员报送北医网院。

学习中心年度工作计划的制定工作由副主任负责组织实施。

六、培训管理制度

学习中心对员工的培训工作须确保员工达到合格履职的目标。培训管理执行《北京大学医学网络教育学院校外学习中心员工培训管理制度》。

学习中心员工培训工作由副主任负责组织实施。

七、安全管理制度

学习中心安全管理执行《北京大学医学网络教育学院校外学习中心安全管理制度》，必要时，学习中心须依据北医网院安全管理制度和应急预案，结合自身实际，制订学习中心实施细则。

学习中心安全管理由主任负领导责任，由副主任负全责。

学习中心安全管理作为考核重要依据，实施一票否决制度。

八、业务管理制度

（一）招生管理

执行《北京大学医学网络教育学院招生工作管理办法》

（二）学籍管理

执行《北京大学医学网络教育学院学籍管理规定》《北京大学医学网络教育学院单科学习转在籍管理办法》《北京大学医学网络教育学院学生学籍档案管理办法》《北京大学医学网络教育学院学生证件管理规定》。

（三）学习支持管理

执行《北京大学医学网络教育学院选课管理规定》《北京大学医学网络教育学院毕业实习管理规定》。

（四）教学管理

执行《北京大学医学网络教育学院学生用学习材料管理规定》《北京大学医学网络教育学院课程考核与成绩管理规定》《北京大学医学网络教育学院关于学习中心教师用书的管理办法》。

（五）考务管理

执行《北京大学医学网络教育学院校外学习中心考务管理规定》《北京大学医学网络教育学院考场纪律与违纪处理规定》。

九、质量监控制度

（一）学习中心副主任负责依据北医网院校外学习中心各项管理制度和流程标准，每月监控各岗位实施情况。

（二）质量监控信息应及时向各岗位反馈并记录。

十、沟通反馈制度

为保证对学生的服务质量，及时获得学生对服务的信息反馈，学习中心须针对服务质量的监控建立学生满意度调查制度、监控数据分析制度和学生投诉快速处理制度。

（一）满意度调查制度

1. 学习中心副主任为学生满意度调查的第一责任人，学生服务岗负责学生满意度调查的具体实施。

2. 学习中心须每年制订学生满意度调查方案，拟定调查组织、调查时间、调查对象、调查方式和调查内容。调查须由中心负责人、各岗位人员组织并参与，调查频率每年至少一次，调查对象须有1/3以上覆盖面，调查形式结合学习中心情况可选择学生座谈会、电子邮件发放调查问卷和回收、组织纸质版调查问卷的填写和回收、电话调查、网上调查等形式，调查内容应涉及服务全过程的关键环节。

3. 学习中心须对调查数据进行统计处理，分别计算一级、二级指标满意率和综合满意率，并对满意率数据进行分析，发现问题，制订纠正措施并形成满意率分析报告。

4. 满意率分析报告报送学习中心副主任审阅。

（二）数据分析制度

1. 学习中心须对管理中的重要数据进行分析，以评估管理质量，及时发现和解决问题。

2. 学习中心各岗位人员负责所辖岗位所需数据的采集和分析，学习中心副主任负责生成中心综合数据分析。

3. 学习中心质量管理数据按教学规律采集和分析，综合数据的采集和分析每年末进行一次。

4. 中心质量管理数据采集和分析的范围包括：

（1）资源管理：人力资源满足率、设施设备资源满足率、学生学习资源满足率。

（2）招生管理：年度招生人数、新生报到注册人数、新生流失率、资格审核准确率、材料移交正确率、走访单位数、咨询人数等。

（3）学习支持：选课率、作业提交率、学习小组活动率、第二课堂活动完成率、学生投诉率及投诉处理率、辅导员工作满意率等。

（4）教学管理：约考率、统考英语及格率、统考计算机及格率、学院考试各门课程及格率、优秀率及总平均及格率、优秀率、实验完成率、实验报告提交率、护专学生实践技能综合考核通过率及优秀率、毕业论文提交率、通过率及优秀率、学位论文通过率及优秀率、学籍异动误报率、辅导教师辅导满意率等。

（5）技术支持：教学设备完好率、平台技术支持满意率等。

（6）学习中心总体：目标实现率、任务完成率。

5. 学习中心数据分析报告列入年终总结报告，向全体员工报告并报通过中心管理员报送北医网院。

（三）学生投诉快速处置制度

1. 学习中心学生服务岗负责学生投诉的处置工作。

2. 学习中心须利用平台建立学生意见邮箱、设立投诉电话、设专人接待等方式接受学生投诉。学生投诉内容须记录在案，交责任人员处置并在接到投诉一日内给予答复。

3. 学习中心学生服务岗负责保管学生投诉及解决记录。

学习中心学习服务岗和教学管理岗负责搜集学生对北京大学医学网络教育学院教学的意见建议，并通过中心管理员反馈至北医网院。

十一、档案管理制度

（一）学习中心档案管理执行《北京大学医学网络教育学院学籍档案管理办法》。

（二）学习中心档案管理实施由学习中心副主任统一领导，分岗位保管的模式。

（三）学习中心应依据《北京大学医学网络教育学院学籍档案管理办法》，结合自身情况制订并实施管理细则。

十二、附则

（一）本制度由学院教育推广与学生支持中心负责解释。

（二）本制度自发布之日起实施。

北京大学医学网络教育学院校外学习中心组织管理制度

依据教育部办公厅《教育部关于现代远程教育校外学习中心（点）建设和管理的原则意见（试行）》（教高厅〔2002〕1号）和《现代远程教育校外学习中心（点）暂行管理办法》（教高厅〔2003〕2号），结合北京大学医学网络教育学院（以下简称北医网院）实际，特制定校外学习中心（以下简称学习中心）组织管理制度。本制度适用于学习中心的组织管理。

一、学习中心依托建设单位职责

学习中心依托建设单位应具有事业或企业法人资格，具备从事教育或相关服务资格，有医学教育条件的重点中专或专科、本科院校，并具有如下职责：

（一）依托单位重视学习中心的工作，负责规划学习中心的建设和发展工作并及时解决学习中心工作中存在的困难。

（二）负责学习中心资源保障。

（三）负责承担相应法律责任。

二、学习中心职责

（一）负责贯彻执行国家、地方有关现代远程教育的方针政策，认真执行北医网院现代远程教育的各项规章制度。

（二）负责根据北医网院的要求和工作安排，配合北医网院开展招生宣传和组织生源等活动并做好学生报到注册工作。

（三）负责配合北医网院做好学生学籍管理工作。

（四）负责保证现代远程教育技术装备的正常运转，保证对学生学习的服务支持。

（五）负责承担北医网院下达的教学环节的组织管理工作。

（六）负责落实学风、考风建设和学生思想政治教育等工作并负责承担保证考试纪律的责任。

（七）负责保护北医网院有关教育资源的知识产权，防止非法使用。

（八）负责学生日常管理工作。

（九）负责接受所在地省级教育行政部门或其授权机构的检查和评估。

三、学习中心组织机构

（一）学习中心组织架构

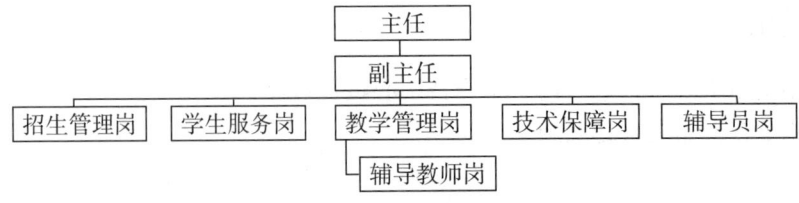

（二）学习中心专职人员配置标准

1. 学习中心设主任、副主任各1人。

2. 学习中心专职管理人员数由学习中心按照学生规模为1～99人，设专职管理人员1人；学生规模为100～199人，设专职管理人员2人；学生规模为200～499人，设专职管理人员3人；学生规模在500人以上，须设专职管理人员4人以上的原则确定。

3. 每50名学生配备辅导员1名。

4. 主干课程或有实验要求的课程各配备1名课程辅导教师或实验指导教师。

四、学习中心工作人员岗位职责、任职条件及考核标准

（一）学习中心主任

1. 岗位职责

（1）负责领导学习中心。

（2）负责学习中心的发展与规划。

（3）负责学习中心人力、物力及设施资源的配置。

（4）负责学习中心依托建设单位的部门协调，保证各项工作的开展。

（5）对学习中心设施、考试等安全负领导责任。

2. 任职条件

由学习中心依托建设单位主管领导兼任。

3. 考核标准

（1）学习中心发展规划列入依托建设单位发展规划。

（2）依托建设单位所提供人力、物力及设施资源的配置满足学习中心需求。

（3）学习中心严重违规和安全责任事故发生率为零。

（二）学习中心副主任

1. 岗位职责

（1）负责主持学习中心全面工作。

（2）负责学习中心年度计划和总结工作。

（3）负责学习中心组织建设、资源建设。

（4）负责学习中心考核工作。

（5）负责与北医网院相关部门的协调。

（6）负责学习中心人员岗位培训工作。

（7）负责履行学习中心安全第一责任人职责。

2. 任职条件

（1）熟悉远程教育管理，有远程教育管理背景。

（2）具有较强的领导能力、沟通能力、协调能力、公关能力和创新能力。

（3）大学本科以上学历、学习中心在职在编人员。

3. 考核标准

（1）学习中心各项业务贯标率100%。

（2）学习中心各项业务贯标合格率≥90%。

（3）学习中心员工及岗位培训率100%。
（4）学习中心资源建设符合国家、地方及北医网院要求。
（5）学习中心综合满意率≥90%。
（6）学生投诉解决率100%。
（7）学习中心严重违规和安全责任事故发生率为零。

（三）招生管理岗

1. 岗位职责

（1）负责依据国家、地方和北医网院有关规定实施本地招生策划、宣传、报名咨询、资格审核、入学考试和录取等工作。
（2）负责新生报到、注册和材料移交工作。

2. 任职条件

（1）善于学习，法律意识强。
（2）工作耐心、细致，善于沟通，有较强的语言表达能力。
（3）有较强的公关能力。
（4）能熟练使用计算机。
（5）身体条件适于外出服务。
（6）学习中心在职在编人员。

3. 考核标准

（1）违规招生发生率为零。
（2）招生业务贯标率100%。
（3）招生业务贯标合格率≥90%。
（4）招生工作学生满意率≥90%。
（5）学生投诉解决率100%。

（四）学生服务岗

1. 岗位职责

（1）负责学习中心辅导员的聘任与管理工作。
（2）负责学生的咨询服务。
（3）负责学生答疑、辅导的组织工作。
（4）负责学生活动、网上交流园地等第二课堂活动以及开学和毕业典礼的组织和实施工作。

2. 任职条件

（1）熟悉远程教育管理工作，有教育培训管理相关背景。
（2）熟悉学生管理工作，有较强的组织管理、沟通和协调能力。
（3）能熟练使用计算机。
（4）大学本科以上学历、学习中心在职在编人员。

3. 考核标准

（1）学生服务业务贯标率100%。
（2）学生服务业务贯标合格率≥90%。

（3）学生满意率≥90%。
（4）学生投诉解决率100%。

（五）教学管理岗

1. 岗位职责

（1）负责依据北医网院教学安排及进度要求，做好教学环节（含实验、实习、毕业论文、学位论文等实践环节）的管理工作。
（2）负责导学的计划、组织实施和监督管理工作。
（3）负责辅导教师的聘任和管理工作。
（4）负责考务管理工作。
（5）负责各级教育管理部门及北医网院有关管理文件、教学档案的保管工作。
（6）负责学籍相关管理和学籍档案的保管和报送工作。

2. 任职条件

（1）熟悉远程教育管理工作，有教育培训管理相关背景。
（2）有较强的组织管理、沟通和协调能力。
（3）能熟练使用计算机。
（4）大学本科以上学历、学习中心在职在编人员。

3. 考核标准

（1）教学管理业务贯标率100%。
（2）教学管理业务贯标合格率≥90%。
（3）学生满意率≥90%。
（4）学生投诉解决率100%。

（六）技术保障岗

1. 岗位职责

（1）负责学习中心信息化建设。
（2）负责学习中心网络设施、电教设施、设备的技术保障和安全保障。
（3）负责学习中心学习支持服务网络平台的技术保障。

2. 任职条件

（1）具备信息化、计算机、电教设备及相关知识，有较强的操作、维修和维护能力。
（2）善于学习，有迅速掌握新技术的能力。
（3）大学本科以上学历、学习中心在职在编人员。

3. 考核标准

（1）学习中心学习支持设施设备完好率95%以上。
（2）技术保障满足学习中心需求。
（3）技术保障学生满意率≥90%。

（七）辅导员岗

1. 岗位职责

（1）负责班级学生管理、沟通联系和思想教育工作。

（2）负责班级和学习小组的组建和督导工作。

（3）负责按照学习中心的要求，督导本班学生完成选课、订购教材、学习、作业、约考、考试、实验、见习、毕业实习、毕业论文、学位论文等学习支持服务相关工作。

（4）负责配合学习中心完成本班实验课、辅导课的学生组织工作。

（5）负责配合学习中心相关岗位完成班级学生学籍异动、课程免修、实验报告、毕业论文、学位论文、各种登记表格等材料的收缴和教材、学习资料、各种证明和学生档案的发放工作以及辅导课、实验课、考试安排、学生活动等通知联系工作。

（6）负责按照学习中心要求，组织本班学生开展第二课程活动。

（7）负责向学习中心反馈本班学生情况。

2. 任职条件

（1）能自觉遵守学院的各项规章制度，服从学院和学习中心安排，有较强的责任心和服务意识。

（2）热爱学生，并具有一定的组织协调能力，较强的语言表达和沟通能力。

（3）有相应专业的背景知识。

（4）能熟练使用计算机。

（5）身体健康，精力充沛。

3. 考核标准

（1）辅导员工作贯标合格率≥90%。

（2）学生实验课、辅导课及学生活动等应到岗率100%。

（3）学生满意率≥90%。

（八）辅导教师岗

1. 岗位职责

（1）负责依据北医网院要求，结合学生实际需求提供有针对性的面授辅导。

（2）负责掌握课程体系结构，熟悉教学大纲、教学进度、课程内容以及课程中的重点、难点，正确领会主讲教师的教学内容，保证辅导质量。

（3）负责实验实习指导和批改实验报告。

（4）负责提供网上咨询，答疑解惑。

（5）负责与学生和课程主讲教师的沟通联系，了解学生学习情况，反馈学生学习过程中的问题或教学资源中的问题。

2. 任职条件

（1）能自觉遵守学院的各项规章制度，服从学院和学习中心安排，有较强的责任心和服务意识。

（2）热爱学生，有相应专业背景知识和教学经历。

（3）具有大学本科以上的学历，讲师（含）以上职称。

（4）能熟练使用计算机。

（5）身体健康，精力充沛。

3. 考核标准

（1）辅导课程及格率≥80%。

（2）学生满意率≥80%。

五、学习中心岗位考核制度

（一）考核负责人

学习中心工作人员岗位考核由学习中心副主任负责实施，学习中心领导考核由北医网院学生支持中心结合学习中心考核一并实施。

（二）考核时间

学习中心岗位考核于每年末实施。

（三）考核依据

1. 岗位职责
2. 岗位考核标准
3. 北医网院相关制度
4. 北医网院校外学习中心相关工作流程标准

（四）考核内容

1. 岗位目标实现情况
2. 履职合格情况
3. 任务完成情况
4. 培训到课情况
5. 主要业绩
6. 不合格服务情况

（五）考核程序

1. 个人递交年度工作总结，总结除包括考核内容外，应总结本年度工作经验，存在问题及改进措施。
2. 学习中心以年度总结交流会的形式进行岗位工作交流。
3. 学习中心副主任对各岗位实施考核评价。

（六）考核结果

考核结果为优秀、称职和不称职。

（七）考核结果应用

考核结果作为学习中心评优和留任的依据。对考核不合格或发生严重违纪者，应终止其岗位工作。

六、学习中心岗位聘任的制度

（一）聘任负责人

学习中心岗位聘任由学习中心副主任负责主持实施。

（二）聘任依据

　　学习中心须依据北医网院和学习中心依托建设单位有关规定，拟定并实施聘任相关制度。制度的建立执行北医网院校外学习中心规章制度制定流程。

（三）聘任结果

　　岗位聘任结果通过中心管理员报北医网院备案。

七、附则

（一）本制度由学院教育推广与学生支持中心负责解释。

（二）本制度自发布之日起实施。

北京大学医学网络教育学院校外学习中心培训管理制度

为保证北京大学医学网络教育校外学习中心（以下简称学习中心）工作人员正确履行岗位职责，保证学习中心各项工作的顺利实施，依据《北京大学医学网络教育校外学习中心管理细则》，特制定本制度。

本管理制度适用于学习中心工作人员的教育培训管理。

一、培训组织管理

学习中心副主任负责工作人员的履职教育培训工作。学习中心须对工作人员上岗前、履新前、重要业务或新规定实施前进行相关内容的培训，使学习中心各岗位人员具备合格的履职能力。

二、培训实施管理

（一）首岗培训

学习中心须对新上岗的工作人员进行首岗培训，培训内容为：
1. 法律法规培训：国家、地方有关远程教育的政策和规定。
2. 北医网院校外学习中心相关岗位工作制度和工作流程培训。
3. 岗位管理技能、常见问题及处理原则和方法等。

（二）常规培训

学习中心须对报名组织工作、学院考试等关键工作，在每次实施前进行常规培训，培训内容为：
1. 北医网院当次报名或考试等有关工作规定和要求、工作人员职责。
2. 报名或考试等工作相关问题应对措施等。

（三）履新培训

学习中心须对因工作原因调岗员工在履新前进行履新培训，培训内容为：
1. 北医网院校外学习中心相关岗位工作制度和工作流程培训。
2. 岗位管理技能、常见问题及处理原则和方法等。

（四）新规培训

学习中心须在国家、地方和北医网院有关新规颁布的第一时间对全体或相关工作人员进行新规培训。

（五）上级培训

学习中心须按有关要求，积极组织参加国家、地方和北医网院组织的相关培训并按要求取得相关培训证书。

三、培训考核

（一）考核实施

1. 员工培训考核由学习中心副主任负责依据学习中心培训制度以及员工参训情况及培训结果实施考核。

2. 学习中心的培训考核由北医网院学生支持中心负责依据学习中心培训制度和学习中心组织培训及参加上级培训情况实施考核。

（二）考核结果

1. 员工培训结果将作为上岗和年度考核及评优依据。
2. 学习中心考核结果将作为年度考核和评优依据。

四、培训记录归档

学习中心实施培训后，须保持培训记录。由培训组织者填写"北京大学医学网络教育校外学习中心培训记录表"并保管。

五、附则

（一）本制度由学院教育推广与学生支持中心负责解释。
（二）本制度自发布之日起实施。

北京大学医学网络教育学院校外学习中心
安全管理制度

　　为加强北京大学医学网络教育校外学习中心（以下简称学习中心）安全管理工作，依据教育部办公厅《教育部关于现代远程教育校外学习中心（点）建设和管理的原则意见（试行）》（教高厅〔2002〕1号）和《现代远程教育校外学习中心（点）暂行管理办法》（教高厅〔2003〕2号），结合北医网院校外学习中心实际，特制定本制度。本制度适用于学习中心的人员、设施、设备和服务的安全管理。

一、安全组织管理

　　（一）学习中心主任为安全管理第一责任人，对学习中心的安全工作负领导责任同时对依托建设单位提供的基础设施和环境的安全负责。
　　（二）学习中心副主任负责安全管理的策划、组织、检查、协调和安全制度建设。
　　（三）学习中心技术保障岗负责各类教学设备的安全使用。
　　（四）学习中心学生服务岗及教学管理岗负责职责范围内安全工作的保障。
　　（五）学习中心辅导员负责学生在校及活动期间的安全管理。

二、安全制度管理

　　（一）学习中心副主任应定期检查安全制度科学性和可行性，并不断完善。
　　（二）学习中心须结合本学习中心情况订立突发事件应急预案，规定教学活动期间突发火灾、自然灾害、公共卫生事件、公共安全事件及群体作弊事件应急处置的组织、培训、实施和奖惩。

三、安全培训管理

（一）培训责任人
学习中心安全培训由学习中心副主任负责。

（二）培训时机及内容
1. 岗前培训
学习中心在对员工进行首岗培训时，须进行与岗位履职有关的安全法规和安全意识培训，明确本岗安全管理要点和关键环节的操作方法。
2. 大型活动前培训
学习中心须在举行大规模学院考试和入学及毕业典礼等大型活动前，对相关管理人员进行突发事件应急预案和安全管理相关措施的培训，确保相关人员有意识、有方法。

四、安全保障管理

（一）学生安全管理

1. 安全告知制度

学习中心须在学生聚集的场所以口头或文字形式告知学生疏散方式、疏散通道、个人携带物品的保管及其他相关安全注意事项。遇传染病流行期应告知预防相关措施。

2. 安全防范制度

学习中心安全管理第一责任人在学生聚集期间应派专人负责安全保障工作，须确保疏散通道等各种安全标识清晰，隐患地区有防滑等警示标识。机动车停车场有专人疏导，以保证停车安全和通行安全。

（二）校舍安全管理

1. 设施设备安全保障制度

（1）学习中心教学场所应满足防火、防水、防雷、防盗要求。

（2）消防器材应保证能有效使用。

（3）场所监控系统在使用期间须确保有效工作。

（4）教学场所在使用期间须有专人负责安全保障工作，确保用电及设备安全。

2. 环境安全保障制度

学习中心应为学生提供安全、良好的学习环境和考试环境，使用期间须确保场所每日清扫，定时维护。

五、安全检查制度

学习中心副主任负责在考试等大型聚集活动前，组织相关岗位对基础设施、设备、环境、用电、交通、饮水、防火、卫生等方面安全实施检查，发现问题及时解决并做相关记录。

六、安全巡视制度

学习中心主任须负责在考试等大型聚集活动当日进行现场安全巡视，巡查设施设备的安全使用和各岗位安全保障履职情况，发现问题及时解决并做相关记录。

七、附则

（一）本制度由学院教育推广与学生支持中心负责解释。

（二）本制度自发布之日起实施。

北京大学医学网络教育学院校外学习中心
招生工作管理办法

　　招生工作既是一项政策性强、涉及面广、社会影响大的系统性工作，也关系到考生的切身利益和北京大学医学网络教育学院（以下简称北医网院）新生的录取质量。为规范北医网院招生管理工作，确保校外学习中心（以下简称学习中心）招生工作质量，依据教育部办公厅《教育部关于现代远程教育校外学习中心（点）建设和管理的原则意见（试行）》（教高厅〔2002〕1号），特制定本办法。

一、招生组织管理

（一）招生组织机构

1. 学习中心依据招生规模设招生部门或招生管理岗，人数与岗位职责由学习中心依据工作需要自行拟定。
2. 学习中心副主任负责领导招生工作，对招生管理工作负领导责任。
3. 北医网院招生部门负责学习中心招生工作的督导。
4. 建立学习中心招生组织信息更新报送制度，及时向北医网院报送招生部门及岗位人员信息。

（二）招生管理职责

1. 负责依据国家、地方和北医网院有关规定实施本地招生策划、宣传、报名咨询、资格审核、入学考试和录取等工作。
2. 负责新生报到、缴费、注册和材料移交工作。

二、招生实施管理

（一）招生资质

学习中心是实施招生工作的合法实体，不得委托任何机构和个人作为招生中介实施招生工作。

（二）招生地域

学习中心须按规定地域招生，不得违规跨省或跨区域招生。

（三）招生对象

学习中心须按北医网院规定招收新生，不得违规招收全日制在校生、套读或不具备条件者。

（四）招生时间

北医网院招生时间为：

春季：9月底至第二年3月初

秋季：3月底至9月初

（五）招生计划

1. 学习中心依据学院年度招生工作计划制定本中心年度招生工作计划。年度招生工作计划应包括招生方案、要求及考核。

2. 每年9月中下旬，学生支持中心向各学习中心发文，通知下一年度春季招生工作的启动，征询次年的招生计划。3月中下旬发文通知当年秋季招生工作启动。

3. 每年10月15日前，各学习中心应将下一年度春、秋两季的招生计划上报学院学生支持中心备案。

4. 学生支持中心对各学习中心次年的招生计划进行汇总，报学院审批。

5. 12月初学生支持中心将各学习中心的招生计划报各省教育厅备案。

（六）招生宣传

1. 学习中心招生简章或宣传材料须严格依据北医网院招生简章所规定的内容制作，不得进行任何违规承诺。

2. 学习中心自制版招生简章或宣传材料须在招生启动前15个工作日内通过中心管理员报送北医网院学生支持中心审批备案后方能印制和宣传，宣传成品需通过中心管理员报送学院学生支持中心备案。未经审批不得擅自发布。

（七）招生培训

学习中心须依据《北京大学医学网络教育校外学习中心培训管理制度》，在每批次招生工作启动前对招生工作人员进行培训，未经培训者不得上岗。

（八）操作流程

1. 学习中心须严格执行北京大学医学网络教育《校外学习中心招生工作流程》。

2. 学习中心须严格按照《北京大学医学网络教育学院校外学习中心招生工作管理办法》中对新生报名材料的要求收集和移交报名材料。

3. 学习中心须严格按照《北京大学医学网络教育学院入学资格初审办法》对报名者实施入学资格初审。

三、招生考核管理

（一）考核实施

1. 学习中心对招生部门及岗位工作考核由副主任负责结合年终岗位考核或按招生批次依据岗位职责、业绩实施。

2. 学习中心招生工作的考核由北医网院招生部门依据制度执行、任务完成和业绩情况进行考核。

（二）考核结果

1. 学习中心根据本中心情况制定奖惩方案，学习中心考核结果作为部门或岗位年度考核依据之一。

2. 北医网院考核结果作为学习中心年度考核依据之一，并根据当阶段招生奖惩政策对符合条件的学习中心予以奖惩。

3. 违规招生个人或学习中心，将视情节追究领导者及当事人责任，直至取消招生资格或追究法律责任。

四、附则

（一）本制度由学院教育推广与学生支持中心负责解释。

（二）本制度自发布之日起实施。

北京大学医学网络教育学院新生报名材料要求

序号	材料名称	份数	要求
1	身份证原件及扫描件	1	1. 报名所需证件均须上传电子版扫描件。 2. 扫描件图片大小要求在40kb～1M之间。 3. 确保高清晰度的打印效果
2	前学历毕业证原件及扫描件	1	
3	护士资格证或执业证原件及扫描件（限护理专业）	1	
4	2寸蓝底正面免冠电子版照片	1	1. 蓝色背景，像素为1000×1504，图片大小在300kb～1M之间。 2. 照片应为大2寸蓝底正面免冠照片，头部占照片尺寸的2/3。 3. 相片下边沿以露出锁骨或者衬衣领衣服为宜；穿深色衣服，不佩戴首饰，不穿着制服；露出耳朵，刘海不得遮挡眉毛；头部与相片顶部需有适当距离，不化妆，不得超出照片顶部范围。 4. 照片不得做色阶调整；人像清晰，层次丰富，神态自然，无明显畸变。 不合格照片示例： 1. 人物占照片比例不合格，学生衣领大低，学生照片中无衣服痕迹（图1）。 2. 照片像素低，照片不清晰，禁止纸质版扫描件（图2）。 3. 学生照片模糊，且头像比例不合适，头部超出相片顶范围，学生头部经过处理后，为不完整头像（图3）

图1　　图2　　图3

北京大学医学网络教育学院入学资格初审办法

方式一：非注册用户可以通过中国高等教育学生信息网（学信网）学历查询栏目申请。非注册用户通过学历查询栏目申请时，必须输入查询码（查看学历查询办法），才能在获得学历查询结果后，获得《教育部学历证书电子注册备案表》。

第一步，登录学信网，点击导航中"学历查询"。
第二步，点击按钮进入"零散查询"。

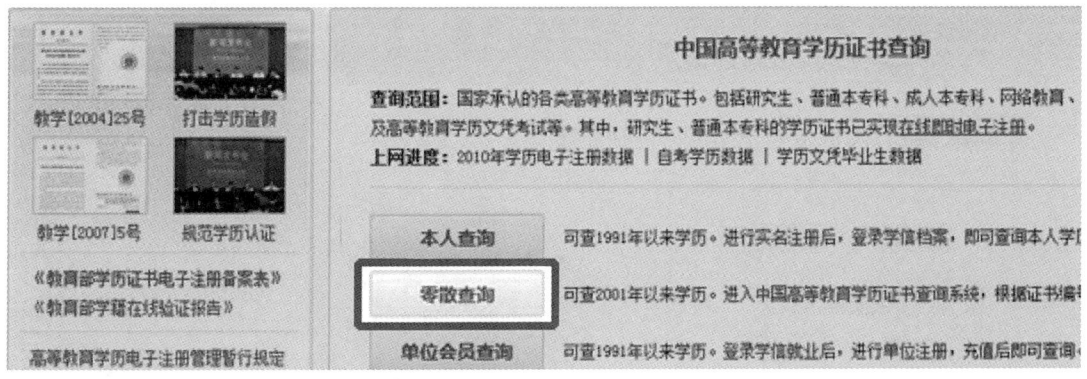

第三步，按要求输入信息点击"查询"按钮。

第四步，进入学历查询结果页面，点击查看《教育部学历证书电子注册备案表》。

第五步，查看网页版的学历电子注册备案表。

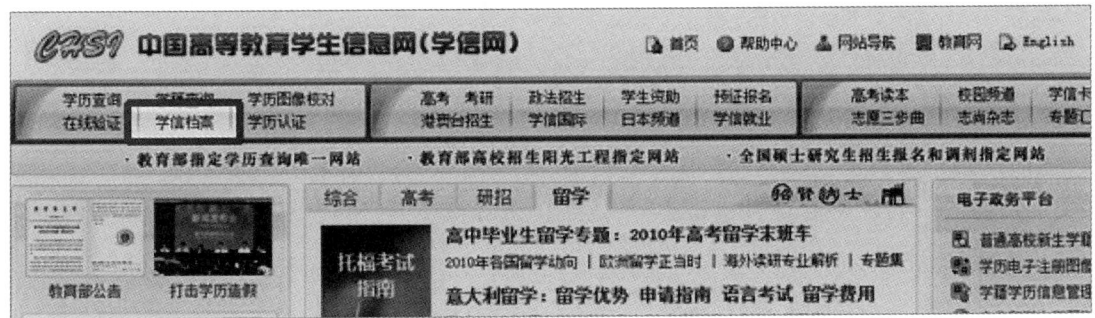

方式二、实名注册过的用户，通过学信档案申请。

第一步，登录学信网 http://www.chsi.com.cn，点击导航中"学信档案"的链接。

第二步，进入学信档案登录页面，用用户名和密码登录。如还未注册，请点击"个人用户注册"注册帐号。

第三步,登录后,点击左侧菜单中的"在线验证"进入在线验证栏目。

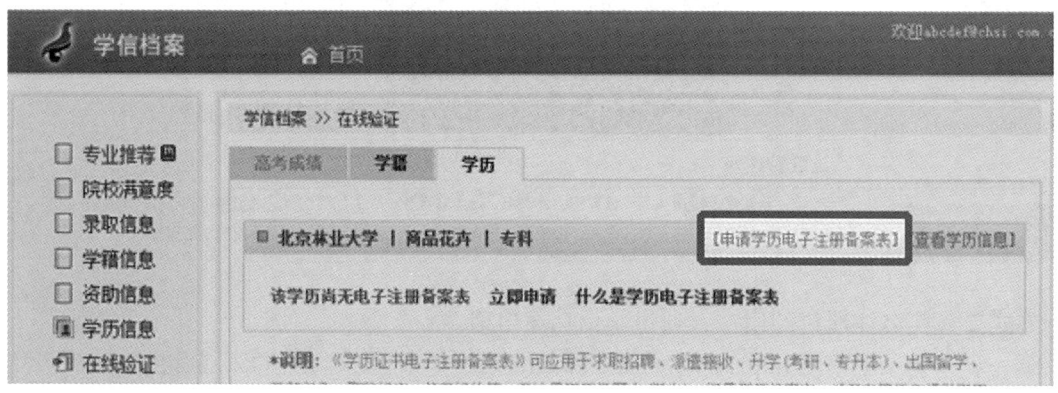

第四步,点击"申请学历电子注册备案表"申请。

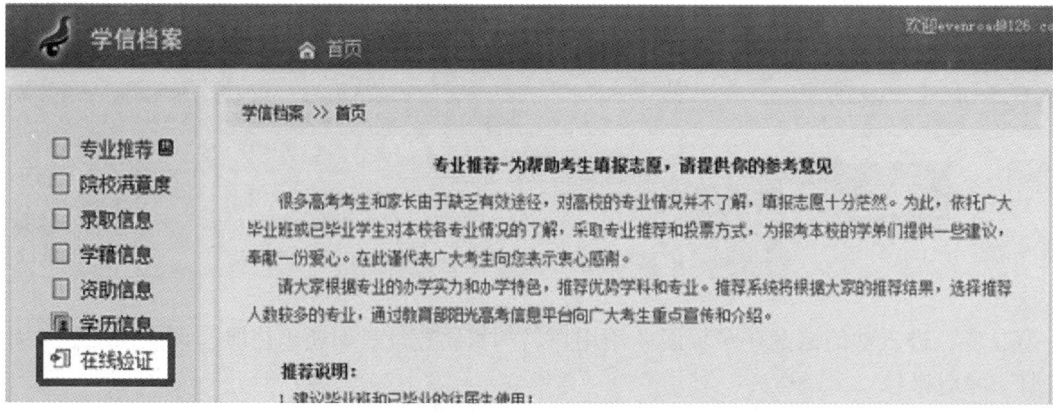

第五步,在弹出的对话框中输入查询码(按照输入框下方的提示文字获取查询码)点击"确定"按钮。

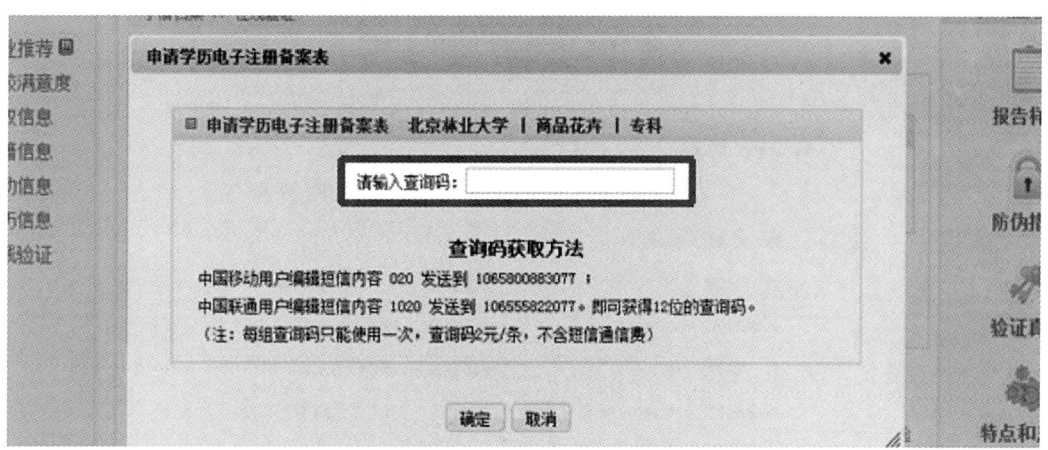

第六步，学历电子注册备案表申请完成，点击"确定"按钮回到在线验证栏目。

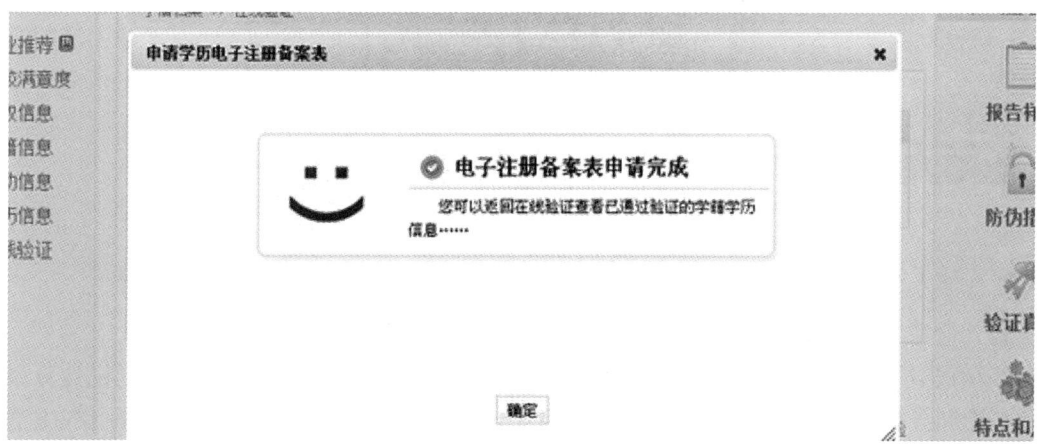

第七步，此时已经完成了学历电子注册备案表的申请，可以点击查看。

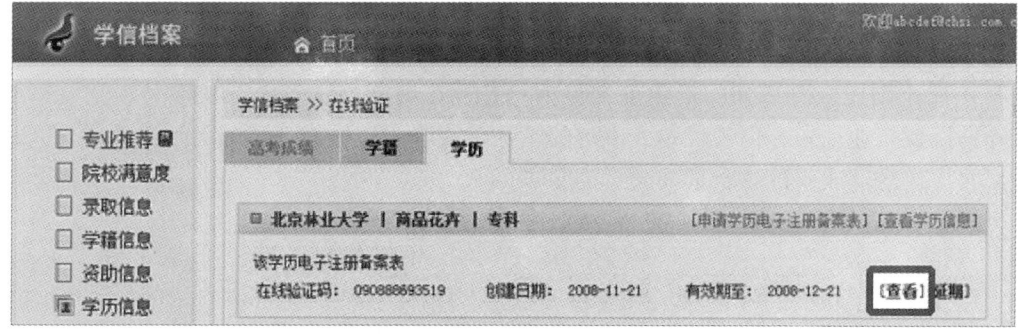

第八步，查看网页版的学历电子注册备案表。

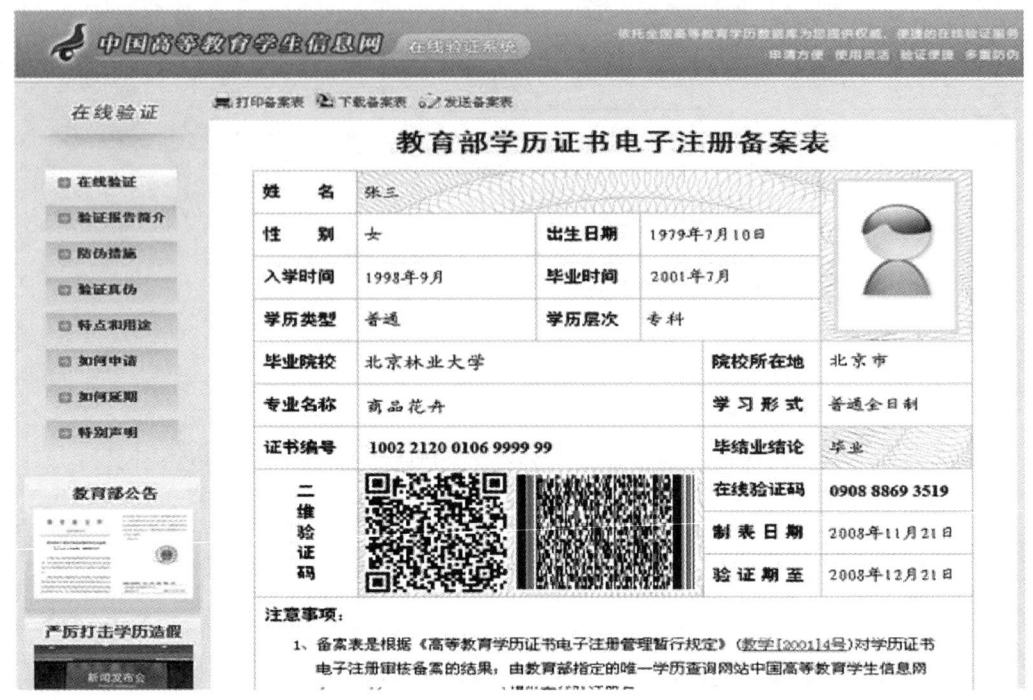

备注：

1. 凡报考北医网院的学生必须持有国民教育系列学历证书。

2. 国民教育系列指纳入国家教育计划的教育系列，其主管部门是教育部。国民教育系列是指普通高等教育全日制毕业生、自学考试毕业生、成人高等教育毕业生、广播电视大学毕业生、远程教育毕业生等，是被国家和社会承认的。其颁发的文凭都在教育部电子注册，可在中国高等教育学生信息网查询。

3. 高等教育学历文凭主要有：

普通高等教育学历证书（即普通招生计划高等教育学历）。

成人继续教育毕业证书包括网络教育、成人高考教育、高等教育自学考试、电大现代远程开放教育。

4. 不属于国民教育系列的毕业证书包括：专业培训证书、省内承认证书、党校毕业证书、军队院校毕业证书，但现役军人取得的军队院校毕业证可相当于国民教育系列，同时要校验军官证或复员证或转业证。

北京大学医学网络教育学院关于跨专业学生的认定及加修课程的管理规定

我院接受不具备报考专业学历教育背景（护理学专业除外）的学生报考就读，但这部分学生须在修完本专业教学计划规定的课程及学分基础上，加修部分课程，并获得相应学分后，方可取得我院相应专业毕业证书或申请相应学位。

对于跨专业学生（即需要加修课程的学生），加修课程为必修课，按我院必修课的收费和管理办法统一进行管理。学生在申请毕业或申请学位时，加修课程的学分绩点须达到相应的要求。加修课程的选课和学习须在所学专业的专业基础课前进行。

学生是否为本专业的认定及加修课程要求规定如下：

一、药学专升本

（一）学生所持国民教育系列专科毕业证书为药学相关专业，从事药事工作，按照"本专业"认定。

（二）学生所持国民教育系列专科毕业证书为非药学相关专业，但具有药学相关专业中专毕业证书，从事药事工作，按照"本专业"认定，报名时需提供药学相关专业中专毕业证书。

（三）学生所持国民教育系列专科毕业证书为非药学相关专业，其中专毕业证书也为非药学相关专业，但在入学前已获得执业药师或药师资格证书，从事药事工作，按照"本专业"认定，报名时需提供执业药师或药师资格证书。

（四）学生所持国民教育系列专科毕业证书为非药学相关专业，既没有执业药师资格，又无药学相关专业中专背景，从事药事工作，按照"跨专业"认定，入学后要加修以下课程（共6学分）：

药学概论	3学分
人体解剖生理学	3学分

二、药学专科

（一）中专为医学及医学相关（护理学、药学等）专业，按照"本专业"认定，报名时需提供相关专业中专学历证书。

（二）入学前已具有执业药师或药师资格，按照"本专业"认定。报名时需提供执业药师或药师资格证书。

（三）非上述情况，按照"跨专业"认定，入学后要加修以下课程（共6学分）：

人体解剖生理学	2 学分
医学微生物学（原"病原微生物"）	2 学分
医学免疫学 I	2 学分

三、信息管理与信息系统专升本

以往学历均为非医学类专业背景的学生在就读我院医学信息管理专升本时，认定为跨专业学生，须加修以下课程（共 3 学分）：

医学概述——走近医学	3 学分

四、卫生信息管理专科

以往学历均为非医学类专业背景的学生在就读我院医学信息管理专科时，认定为跨专业学生，须加修以下课程（共 3 学分）：

医学概述——走近医学	3 学分

五、公共事业管理专升本

以往学历均为非医学类专业背景的学生在就读我院公共事业管理专升本时，认定为跨专业学生，须加修以下课程（共 6 学分）：

人体解剖生理学	3 学分
医学概述——走近医学	3 学分

北京大学医学网络教育学院
单科学习转在籍管理办法

为确保单科学习的规范化管理，依据教育部最新规定和《北京大学医学网络教育学院学籍管理规定》，特制定单科学习转在籍管理办法。本办法适于符合入学条件的单科学习转为在籍生的管理。

一、单科学习转在籍的管理职责

（一）北京大学医学网络教育学院（以下简称北医网院）教育推广部负责单科学习转在籍的管理，其职责为：

1. 负责单科学习转在籍制度的制定、修改和完善。
2. 负责单科学习转在籍制度的宣贯培训。
3. 负责单科学习转在籍的办理。
4. 负责对校外学习中心（以下简称学习中心）单科学习转在籍管理工作的督导。

（二）北医网院学习中心负责配合教育推广部实施单科学习转在籍的管理，其职责为：

1. 负责向单科学习履行单科学习转在籍办理的告知义务。
2. 负责依据《北京大学医学网络教育学院学籍管理规定》《北京大学医学网络教育学院单科学习转在籍管理办法》和北京大学医学网络教育学院《校外学习中心单科学习转在籍管理工作流程》，督导单科学习办理相关手续并收缴相关材料。

二、单科学习转在籍的办理

（一）学习中心执行北京大学医学网络教育学院《校外学习中心单科学习转在籍管理工作流程》。

（二）北医网院教育推广部将对平台提交转在籍申请学生的相关材料进行初步核查。

（三）北医网院教育推广部以单科学习网上提交的转在籍申请以及相关资料的扫描件为依据，进行转在籍审批。

三、单科学习转在籍的办理时间

（一）单科学习转在籍分别于每年3月15日、9月15日集中办理。

（二）单科学习转在籍申请时间春季为2月15日至3月13日，秋季为8月15日至9月13日。

四、单科学习转在籍办理条件

（一）获得前置学历（即在北医网院就读前的最高学历）毕业证。

（二）获得护士执业证或护士资格证。

五、单科学习转在籍规定

（一）单科学习转在籍后，学籍从正式转在籍开始计算，学习时间最长不超过 6 年。

（二）进修期间所修课程并已取得的学分继续有效，自动转入学籍档案。

（三）专升本层次的单科学习，转为正式学籍后，即可参加国家组织的公共基础课统考和学位英语考试。

（四）单科学习在当批次转为正式学籍后，教育推广部作为新生数据在教育部阳光平台注册正式学籍，学习时间由在教育部阳光平台注册正式学籍开始计算，须满 2.5 年并达到北医网院毕业条件方可申请毕业。

六、附则

（一）本制度由学院教育推广部门负责解释。

（二）本制度自发布之日起实施。

北京大学医学网络教育学院学籍管理规定

为规范北京大学医学网络教育学院学生学籍管理工作，稳定教学秩序，严格教学管理，保证教学服务质量，根据《北京成人高等学校学生学籍管理规定》和教育部有关文件精神，结合我院医学网络教育实际情况，制定本规定。

一、学制、学分

（一）北京大学医学网络教育学院实行学分制管理，专科层次、专升本层次学制均为三年，学习期限为2.5~6年。

（二）北京大学医学网络教育学院实行选课制，学生在教学计划规定的范围内选课，用学分表明和记载学生的学习量；用平均学分绩点（GPA）表明和记载学生的学习质量。各门课程的学分数根据该课程的性质和其在本专业中的地位与作用在教学计划中予以确定。

二、入学、注册

（一）北京大学医学网络教育学院招生录取的新生，需持北京大学录取通知书及其他有效身份证件，在规定时间到学院或学院指定的学习中心报到，办理入学手续。逾期不办理报到手续者，将被取消入学资格。学生入学的姓名、身份证号码、性别、籍贯等应与报名资料（指入学申请表、身份证复印件、学历证书复印件等相关证明）一致。

（二）新生报到入学后，学院将按有关规定对学生入学资格进行复查。凡属弄虚作假、徇私舞弊取得入学资格者，不论何时发现，一经查实，一律取消入学资格和学籍。学生应确保入学注册时提供的信息与本人前置学历信息完全一致，如因信息变更造成学籍无效，由本人承担相应后果。

（三）新生在办完入学手续，经审核合格、填写有关表格、缴纳学费和其他相关费用后，方可注册，发给学生证。

三、退学、转学习中心、转专业

（一）关于退学。学生因个人原因不能继续学习，可以提出退学申请。

1. 退学办理完成后，学院将在本院平台与学信网上同时注销退学者学籍。注销学籍后，退学者不得以任何理由申请复学，但可作为新生重新报读。

2. 关于退学手续。学院目前在每年的4月和10月集中进行两次办理。学生办理退学，需由本人提交网上申请，同时向所在学习中心提交书面《退学申请表》，待学习中心和学院审核批准后办理退学手续。

（二）关于取消学籍。凡出现前置学历存在问题、双重学籍、学习期满等无法继续保持学籍的情况，学生的学籍将被强制取消。

（三）关于异地转学习中心。学生因工作调动或其他特殊原因需转学习中心者，可以提

春季入学最短学习期限为2.5年，最长学习期限为6年，从教育部学籍正式注册时间（春季为3月）开始算起最短到第三年7月毕业，最长到第六年7月毕业，不含毕业证发放时间。
秋季入学最短学习期限为3年，最长学习期限为6年，从教育部学籍正式注册时间（秋季为9月）开始算起最短到第三年7月毕业，最长到第六年1月毕业，不含毕业证发放时间。

出转学习中心申请。

1. 转学习中心必须由本人提交网上申请，同时向所在学习中心提交书面申请，填写转学习中心申请表，由原学习中心审核，并经接纳学习中心同意，上报学院批准后，方可办理转学习中心手续。学号不变。

2. 转学习中心申请须在选课前办理。

3. 转入中心需具备与转出中心同专业同年级同层次的条件方可接收，学费按新学习中心标准计算，以前学费不发生变化。

4. 在读期间，只允许办理一次转学习中心。

（四）关于转专业。新生注册后原则上不得转专业。如在原专业学习确有困难或因工作需要必须转专业，学生可提出转专业申请。

1. 转专业必须由本人提交网上申请，同时向所在学习中心提出书面申请，填写转专业申请表，由所在学习中心签署意见，经学院审批后，办理相应手续，学号不变。

2. 拟转专业须为学习中心开设专业，转专业后其符合所转专业教学计划的课程成绩予以承认，学习期限自入学时计算不得延长。毕业条件按新专业计算，原专业所学课程与新专业课程相同，但学分数不同的按新专业学分数计算。原专业所学课程在新专业中没有的，不退已选课程学费。

3. 所申请的拟转专业需同年级同层次的条件方可申请，被批准转专业已办理手续者，不得申请转回原专业。在读期间，只允许办理一次转专业。

四、奖励和处分

（一）学生必须遵纪守法，遵守学院的各项规章制度，努力学习，学院将对学习成绩突出的学生给予表彰并颁发相应证书，同时在网上通报表扬并进入学生档案。

（二）学生有下列行为者，给予相应处分：

1. 违反考场纪律，考试中有作弊行为者，取消本次考试成绩，并通报批评。

2. 学生在考试中有替考行为者，蓄意以盗取及其他非法手段提前获取试卷者、向有关人员实行贿赂、恐吓、欺骗者，其违纪行为一经查实，即勒令退学；情节严重者，开除学籍。

3. 在考试过程中，严重扰乱考场秩序，态度恶劣，对监考、巡考进行人身攻击者，当场中止其考试，并视情节轻重，予以令其退学或开除学籍的处分；触犯国家法律者，移交司法机关处理。

4. 学生擅自在网上公开作业题、习题或试题及答案供他人抄袭的，视情节轻重给予相应处分。

5. 被勒令退学的学生可发给学习证明；被开除学籍的学生，不发给任何证明。

（三）对学生的奖励、处分，均归入本人学籍档案。

五、毕业与学位

（一）具有正式学籍的学生，在有效学习期限内修满本专业规定的课程及专业要求的最低总学分，且课程平均学分绩点（GPA）≥1.5，对专升本层次的学生，部分公共课还需通过全国统一考试，准许毕业，颁发国家承认学历的北京大学成人高等学校本科、专科毕业证书。

（二）符合学士学位授予条件的本科毕业生，可申请学士学位，授予北京大学颁发的学士学位证书。

（三）证书应妥善保管，一旦遗失均不予补发，学院只开具相应毕业证明书。

北京大学医学网络教育学院
学生学籍档案管理办法

为加强学生学籍档案管理工作，实现学籍档案工作标准化、规范化，根据教育部相关规定并结合我院的实际工作情况制定本管理规定。

一、学生学籍档案管理职责

（一）北医网院学籍管理部门负责学生学籍档案的管理，其职责为：

1. 负责学生学籍档案管理制度的制定、修订和完善。
2. 负责学生学籍档案的审核、整理和保管。
3. 负责毕业生档案的制作、整理和对学习中心的发放。
4. 负责对校外学习中心（以下简称学习中心）学生学籍档案管理工作的培训与督导。

（二）北医网院学习中心负责配合学籍管理部门实施学生学籍档案管理，其职责为：

1. 负责新生学籍档案材料的收缴、报送和督导，指导"入学申请表"的填写和审核。
2. 负责"毕业生登记表"的发放、填写指导、审核及收缴、报送。
3. 负责毕业生档案的发放工作。

二、学生学籍档案管理要求

（一）新生学籍档案收缴归档要求

1. 学生学籍档案的整理以学生个体为单位，每生1份。须为所有报到注册新生（包括课程单科学习）建立学籍档案。
2. 学生学籍档案中的各项材料均须用黑色签字笔认真填写，不得缺项、不得涂改、不得有刮痕，并应确保所填信息的真实、完整和有效。
3. 学生学籍档案中的信息涉及学生个人隐私，未经主管领导批准或学生本人书面同意，学生档案袋内的材料不得向第三方透露。
4. 学习中心负责依据下述要求在收缴材料时对学籍档案进行初审，北医网院教学运营部学籍管理负责在验收时进行终审。具体要求如下：

（1）入学申请表：应在照片处贴1寸免冠蓝底照片，各项内容应按要求填写完整，无漏项，学生本人及审核教师均应签字且入学申请表中姓名、性别、证件类型、身份证号码、所报层次、专业等信息应与学生网上注册信息一致。

（2）学生身份证：应是学生本人第二代身份证，按照要求上传平台。

（3）学生前置学历：内容必须清晰，其毕业院校公章和毕业证号必须完整。

（4）护士执业资格证复印件或护师资格证：京区护理专业学生须提供，其中资格证书复印件内容须清晰，发证机关公章和证号须完整。

（5）课程进修申请书：须用黑色签字笔签字。

5. 学生学籍档案材料须按以下顺序排列置于档案袋内：

（1）入学申请表

（2）学生身份证复印件

（3）学生前置学历复印件

（4）护士执业资格证复印件或护师资格证（仅限京区学生）

（5）课程进修申请书（仅限课程单科学习）

6. 学籍管理人员负责在新生入学申请表右上角指定处标明学号，依序将材料装订、装袋，袋外加贴标示后，以学号为序，按学习中心、学生专业分类，放入指定柜号。

（二）毕业生学籍档案整理与发放要求

1. 学籍管理人员负责实施毕业生档案制作、整理程序

（1）审核毕业生登记表：须按学院填表说明，用黑色签字笔正楷书写；各项内容应按要求填写完整，无漏项，并照片处须贴1寸免冠蓝底照片，不合格者须退回改填。

（2）根据毕业审核结果，打印符合毕业条件学生的学籍登记表，并在学籍表照片处粘贴1寸免冠蓝底照片。

（3）根据毕业审核结果，打印符合毕业条件学生的成绩单。

（4）学生毕业生登记表、学籍表、学生成绩单整理完成并确认无误后，加盖北医网院公章。

（5）依序将如下材料置于毕业生档案袋内：

a）毕业生登记表

b）学生入学申请表

c）学籍表

d）学生成绩单

e）毕业生毕业实习手册（仅限福建地区）

f）学分证明（仅限北京地区）

（6）毕业生档案袋正面下方填写学生基本信息。

（7）学生毕业档案以学习中心为单位，按毕业生在校学号、专业、层次依次排序，清点、核对无误后装箱。

（8）通知各学习中心与北医网院财务部进行毕业费用结算，并做好下发毕业证和毕业档案准备。

2. 学习中心指导学生填写毕业生登记表要求

（1）毕业生登记表学生需要用黑色签字笔，正楷书写，字迹要清晰，不得有任何涂改痕迹。

（2）表内所有项目全部填写，不留空白，如有情况不明无法填写，应写"不清""不详"及其原因，如无该项情况，应填写"无"。

（3）表中第一页至第三页由毕业生本人填写，第四页至第五页由北医网院填写。

（4）照片处贴1寸正面免冠蓝底照片。

（5）表封面学校填写北京大学、学习形式填写网络、专业填写所学专业全称、学制填写三年、在籍时间不填、姓名填写与户口本一致，填表时间不填。

（6）在籍学生学号用黑色签字笔填写上报学号，单科学习学号用铅笔填写平台学号。

（7）证书注册号不填。

3.毕业生材料发放要求

（1）明确毕业生材料发放项目

a）毕业生档案

b）毕业证书和封皮

c）学士学位证书和封皮

d）学生照片

e）毕业生名单

f）毕业材料领取清单

（2）学籍管理部门负责通知咨询服务部、各学习中心派专人到北医网院领取毕业生材料，需邮寄材料者，须办理委托手续，填写书面委托书，承担邮寄可能丢失或损坏的风险。

（3）材料发放和领取须履行交接手续，保持交接记录。

（4）学习中心领取毕业生材料后，须做好保管和发放工作，并保留发放记录。

三、附则

（一）本制度由学院学籍管理部门负责解释。

（二）本制度自发布之日起实施。

北京大学医学网络教育学院学生证件管理规定

学生证件是证明学生在学期间身份和经历的重要证书和文件,为加强对学生证件的管理,保证教学任务的顺利进行,特制定本规定。

一、学生证管理规定

(一)学生证的制作和发放

1. 学生证由北京大学医学网络教育学院(以下简称北医网院)负责制证,北医网院校外学习中心(以下简称学习中心)负责发放。
2. 学生证的发放对象是正式注册学籍的学生。
3. 学生证在学生正式注册学籍2个月内下达所在学习中心。

(二)学生证的使用

1. 学生参加北医网院组织的各种学习活动(包括各种考试)时,须随身携带学生证,并应主动配合管理人员的检查。
2. 学生证不准擅自涂改,涂改后的学生证无效,发现任意涂改者,北医网院将予以收回,并不再补发。
3. 学生证只限本人使用,学生应注意保管,不得损坏和丢失,不得转让或转借他人,否则由此造成的损失由学生本人负责。
4. 学生证确属遗失而申请补办者,应由本人提出申请,由北医网院核实后补发。
5. 依据国家有关规定,成人教育学生证不能作为享受全日制学生各项优惠的凭证。

二、开具各类证明的管理规定

(一)继续教育学分证明

1. 有继续医学教育学分证明需求的学生可于每年8月20日前向所在学习中心申请。
2. 继续教育学分证明开具时间为每年9月1日至9月15日期间,证明所显示的学习时段为上一年的9月1日至当年的9月1日,且该时间段内参加考试并通过的课程达3门及以上。
3. 继续教育学分证明由北医网院负责开具,学习中心负责发放。

(二)毕业证明

1. 已符合毕业条件,但毕业证书尚未发放的学生可通过所在学习中心提交申请。
2. 专科毕业生,在教委审批毕业前,只要符合毕业条件,可以开具不含毕业证编号的毕业证明;在教委审批毕业通过后,可开具包含毕业证编号的毕业证明。
3. 本科毕业生,必须在教委审批毕业通过后,方可开具包含毕业证编号的毕业证明。

（三）毕业证明书

依据教育部关于"高等学校毕业生遗失毕业证书后，由本人向原毕业学校申请，学校查有实据者可开具'毕业证明书'，不能补发毕业证书"的规定，需开具毕业证明书者，须本人到学习中心提交纸质版申请，经北医网院审批后，予以办理。

（四）其他证明。北医网院为满足学生需要，经本人申请，可开具以下证明：

1. 在籍证明。
2. 曾在读证明。
3. 学生成绩单。
4. 成绩全部合格证明。
5. 在籍年限不够已修完课程的证明。
6. 已获得学位证明。

三、附则

（一）本制度由学院学籍管理部门负责解释。
（二）本制度自发布之日起实施。

北京大学医学网络教育学院
关于授予本科毕业生学士学位的管理规定

根据《中华人民共和国学位条例》《中华人民共和国学位条例暂行实施办法》《北京大学成人教育学士学位授予工作细则》以及教育部（教高厅[2000]10号）《关于支持若干所高等学校建设网络教育学院开展现代远程教育试点工作的几点意见》的文件，结合我院特点，特制定本规定。

一、授予对象

凡符合本规定的我院本科毕业生，经本人申请，均可授予北京大学成人高等教育学士学位。

二、授予条件

1. 热爱祖国，遵纪守法，品德良好（所在学习中心和学员单位应分别出具证明材料和推荐材料）。
2. 在学习期限内修满专业教学计划规定的全部课程学分，且平均学分绩点在2.50（含）以上。
3. 学位论文成绩在"良好"以上（含"良好"）。[①]
4. 在学期间通过我院组织的北京地区成人本科学士学位英语统一考试，且无违纪记录。

三、有下列情况之一者，取消其申请学士学位资格

1. 在学期间有过违纪违法记录、受到相关部门处分的；考试作弊情节严重者。
2. 剽窃他人学术成果者。
3. 在专业教学计划规定的最长学习期限内，仍未达到上述学位授予条件者。

四、根据北京大学医学部学位授予的管理要求，学位授予与毕业工作同时进行，对已毕业学生不予补授学位[②]。

五、学生必须在我院规定的最长学习年限内申请学位，过期一律不予办理。

六、学生必须在规定时间内通过网络平台提交学位申请，学院予以审批。具体时间参见学院相关通知。

---

① 80分（含）以上即为良好。
② 注：根据北京大学医学部学位授予规定，学位申请需与毕业申请同步进行。

七、申报学士学位是一项严肃的工作，在申报过程中不得弄虚作假，违者一经查出，即取消其申请学士学位资格；弄虚作假已获学士学位者，一经查出，经校学位评定委员会批准，撤销其学士学位，追缴其学位证书。

八、附专业及授予学位

1. 以下专业授予理学学士学位：
（1）护理学
（2）药学
（3）应用心理学
2. 以下专业授予管理学学士学位：
（1）信息管理与信息系统
（2）公共事业管理

北京大学医学网络教育学院学生收、退费管理规定

一、收费种类与收费标准

根据教育部、财政部、国家物价局的有关规定，网络教育学院实行收费制度，收费标准按相关部门核定的标准执行。收费种类及标准见附表。

学费的计算方法：学生应交的学费＝每学分学费标准 × 本人所修课程学分之和。重修课程须按照重修课程的学分数重新交费。

二、交费方式及时间

1. 网络学院采取预收费制度。新生在入学时须根据"入学须知"中要求的缴费金额预交相应的学习费用和教材费用。后续费用则应按照学院通知要求在规定的收费时间内及时缴纳费用，以免影响学习。

2. 学费账户和教材费账户相互独立，彼此不能借用。

3. 学费由学生通过平台的网银链接或到有在线 POS 设备的中心自行缴纳，部分地区为学习中心代为收取。为确保交费工作的准确无误，提高效率，学生应严格按照网络学院及学习中心通知的缴费标准、缴纳方式在规定时间内完成交费。

4. 因学生自己的原因（如延时交费），造成学费和教材费不能正常到账，从而不能正常学习者，后果由学生自负。

三、费用的确认

学生通过网银或在线 POS 缴纳的学费及教材费，在缴费成功后，费用会自动计入学生的学费或书费账户。由学习中心代收代缴的学费及教材费，在学院收到中心汇款并与平台提交的明细核对无误后，审核入账，学生可随时登录学院网络教学平台查询入账情况。

四、发票开具

1. 学生缴纳的学费一律由学院开具北京大学医学部正式发票，该发票具有法律效力；缴纳的教材费用，由学习中心统一提交开票明细，由教材供应商开具发票。

2. 根据国家有关票据管理的规定，学生须妥善保管好学费发票，一旦丢失，学院只负责提供缴费证明，一律不予补开正式发票。

五、退费的规定

1. 学院每年 4 月、10 月两次办理退学退费，中心应于办理当月的 15 日前，将退学申请

提交学院学籍管理部，学籍管理部于当月 25 日将审批的退学申请表提交财务，财务部在收到退学申请后 10 日内完成退费，遇节假日自动顺延。

2. 学院于每年 2 月、4 月、7 月、10 月四次办理毕业结算，财务部收到学籍管理部毕业结算申请，与学习中心核对明细，确认无误后 10 日内完成毕业结算退费，遇节假日自动顺延。

3. 经学院批准退学的学生，学费和教材费均按平台上账户显示的实际余额退款。所退费用一律汇至退学学生所在学习中心，由学习中心将费用退还给学生。

4. 在办理退学退费和毕业退费时，学生须提交已开具并领取的学费发票，发票金额须大于等于申请退费的金额，不能提供发票者，学院不予办理退费。

5. 学生因个人原因申请退费的，应在学生学籍的有效期内办理，逾期不再受理。

北京大学医学网络教育学院学分制管理办法

第一章 总 则

第一条 为适应经济发展和社会进步对医学远程教育人才培养的要求，进一步深化医学远程教育改革，我院各专业教学实行学分制管理。

第二条 为促进和保证学分制教学管理的顺利进行，根据教育部教高厅[2000]10号文件《关于支持若干所高等学校建设网络教育学院开展现代远程教育试点工作的几点意见》的有关规定，结合我院特点，制定本办法。

第二章 学制与学习年限

第三条 我院实行弹性学制。专科层次和专升本层次的学制均为3年，学习年限为2.5~6年。

第四条 学生必须在规定的学习年限内修满教学计划规定的学分，到期不能完成者，不再延长其学习时间。

第三章 教学计划与课程设置

第五条 在有关专家指导下，我院进行各专业教学计划的制定、调整和修订，并经专家论证后执行。

第六条 我院将根据实际需要，适时对教学计划进行修订。

第七条 教学计划内容包括课程、实验和毕业实习（论文）的教学安排。教学计划中的课程按修课性质划分为必修课、选修课、方向课和加修课。

第四章 学分与学分绩点

第八条 学分是用以计算学生学习量的单位。课程学分主要根据该课程的地位和学时数来确定。

第九条 我院课程按下列方法计算学分：
1. 一般理论课程（含实验）：16~18学时为1学分；
2. 毕业实习、毕业设计（论文）：1~2周为1学分。

第十条 学生取得的各类课程的学分应满足教学计划的相关要求。

第十一条 我院实行学分绩点制。学分绩点制是反映学生学习质量的一种统计制度。学生经过考试（考核），在取得某一门课程成绩的同时，也取得了相应的学分绩点。某门课程的学分绩点为该课程学分数与绩点系数的乘积，它用以反映学生学习的质量。

1. 绩点系数按成绩等级做如下规定

绩点系数对应表

百分制	100~90	89~80	79~70	69~60	59~0
五级制	优	良	中	及格	不及格
绩点系数	4.0	3.0	2.0	1.0	0.0

2. 学分绩点与平均学分绩点（GPA）的计算方法
- 一门课程的学分绩点＝该课程的学分数 × 绩点系数；
- 累计学分绩点＝某一阶段各门课程的学分绩点之和；
- 平均学分绩点＝累计学分绩点/某一阶段各门课程的学分数之和。

   如，大学英语是4学分的课程，学生成绩为优（绩点系数为4），则该生大学英语可得 $4 \times 4 = 16$ 点。如果该生在某一学习阶段同时修了四门课：高等数学为3学分，成绩为优；医学辩证法为2学分，成绩为中；大学语文为3学分，成绩为良。则该生该学期累计学分绩点为

   $4 \times 4 + 3 \times 4 + 2 \times 2 + 3 \times 3 = 41$

   平均学分绩点

   $GPA = 41/(4+3+2+3) = 3.4$ [①]

   即该生平均成绩在良好以上。

3. 平均学分绩点反映了学生学习成绩的优劣，是衡量学生学习总体平均成绩的一个指标，其作为学生毕业、评优、申请继续升本科和申请学位的依据。如果平均学分绩点没有达到相应的要求，学生不能毕业或申请学位。

第五章 选课与重修

第十二条 学生须根据所学专业教学计划及自己的实际情况，通过网上教学平台选择课程和学习材料。关于学习材料具体情况详见《学生用学习材料的管理规定》。

第十三条 选课与重修应遵循相关原则，具体参见《北京大学医学网络教育学院关于选课管理规定》和《北京大学医学网络教育学院关于跨专业学生的认定及加修课程的管理规定》。

第六章 辅导与答疑

第十四条 面授辅导在学习中心完成。学习中心根据课程内容及实际情况安排面授辅导课程。

第十五条 答疑分实时答疑和非实时答疑。实时答疑由学院根据实际情况安排，并提前通知学生。非实时答疑通过网上课程答疑区完成。

[①] 网上教学平台中对 GPA 的计算是保留一位小数，即对第二位小数进行四舍五入。

第七章　课程考核与成绩评定

第十六条　课程考核包括形成性考核和总结性考核两种方式。根据课程性质和教学要求的不同，形成性考核由平时作业、论坛和实验等多种形式构成。总结性考核为课程期末考试。

第十七条　根据教学计划的要求，一门课程的成绩由平时作业成绩、实验成绩、论坛成绩和考试成绩等各项按一定比例组成。作为课程考核的依据，各项成绩不可或缺。

第十八条　每门课程根据其性质和教学要求布置平时作业。学生必须在规定的时间内完成并成功提交作业。

第十九条　课程实验及其他实践性教学环节由学院或学习中心统一组织安排，学习中心需按学院教学计划的要求进行实验、实践环节的教学与考核。

第二十条　学生在课程考试前必须通过网上教学平台进行预约，约考形式分为学院统一配考和个性化约考。具体参见《关于课程考核与成绩管理规定》。

第二十一条　毕业实习、毕业论文（毕业设计）、毕业考试以及单独设置的其他实践教学环节，单独进行考核。

第二十二条　各门课程成绩合格即可获得相应的学分。学生在取得某一门课程学分的同时，也取得了相应的学分绩点。用平均学分绩点（GPA）衡量学生的学习质量，教学计划规定的课程学分都参与 GPA 计算（免修课程、免考课程、统考课程和毕业实习除外）。

第八章　学分互认、课程免修与课程免考

第二十三条　我院承认学生通过以下几种教育形式在同层次、同专业考试中已取得的课程学分：
1. 全日制正规大学。
2. 高等教育自学考试。
3. 教育部批准的全国重点大学网络教育学院。
4. 教育部颁发的大学英语、计算机等级证书等。

第二十四条　以上课程应符合我院相关要求方予以承认。具体要求参见《北京大学医学网络教育学院关于课程学分互认管理规定》《北京大学医学网络教育学院关于课程免修管理规定》和《北京大学医学网络教育学院关于课程免考管理规定》。

第九章　毕业实习

第二十五条　毕业实习是医学网络教育中的重要环节，目的是为了提高学生的理论联系实际、独立分析问题、解决问题的能力。

第二十六条　毕业实习工作由各学习中心根据教学计划要求组织实施。具体管理办法参见《北京大学医学网络教育学院关于毕业实习管理规定》。

第十章　奖励学分

第二十七条　我院鼓励学生参与科研活动和社会实践活动，对成绩突出者给予学分奖励。

第二十八条　学生在我院学习期间，获得以下成果者，给予相应的学分奖励，其奖励标准为：

1. 凡以第一作者在省级（含）以上报刊发表科研类学术论文者，奖励 1 学分。
2. 凡以第一作者在国家核心期刊发表科研类学术论文者，奖励 2 学分，发表综述类、案例分析类论文者，奖励 1 学分。
3. 凡科技成果获国家级（含教育部）奖励者，奖励 3 学分；获部省级奖励者，奖励 2 学分；获地市级奖励者，奖励 1 学分。
4. 学生有发明创造专利者，奖励 1 学分。
5. 同一成果或项目获奖以最高级别计。直接以"奖励学分"名义计入总学分。

第二十九条　申请奖励者凭发表文章的原件或获奖证书原件向学习中心申报，经审核批准后给予相应学分。

第三十条　奖励学分可以代替选修课学分，但不能代替必修课学分和模块课程学分。奖励学分不计入平均学分绩点（GPA）。

第十一章　毕业与学位

第三十一条　毕业：

1. 学生在有效学习年限内修满本专业规定的最低总学分，且课程平均学分绩点（GPA）≥1.5，准许毕业，发给毕业证书；对专升本学生，部分公共课还需通过全国统一考试。

第三十二条　关于本院专科毕业生继续升入本科学习：

1. 本院专科毕业生均可申请继续我院本科阶段的学习，入学时只需通过大学语文考试。
2. 申请升入的本科专业，需符合各专业入学资格。
3. 由专科升入本科后，若学生在专科阶段学习过的课程内容与本科阶段课程内容相近，且专科阶段的课程成绩在 80 分（含）以上，可以在本科阶段申请该课程免修。具体免修课程的申请办法参见《北京大学医学网络教育学院关于课程免修管理规定》。

第三十三条　本科毕业生符合学位申请条件者，可以申请学位。学位授予办法参见《北京大学医学网络教育学院关于授予本科毕业生学士学位的管理规定》。

第十二章　附　则

第三十四条　本办法经 2015 年 4 月修订，自发布之日起开始执行。

第三十五条　本办法解释权在北京大学医学网络教育学院。

北京大学医学网络教育学院关于选课管理规定

一、学院将每一学年划分为两个学习阶段，每年的2—7月为一个学习阶段，每年的9月—次年的1月为一个学习阶段。

二、学院每年安排两次选课，具体选课时间届时参见网上通知。

三、学生须根据所学专业教学计划及自己的实际情况，通过网上教学平台选择课程。

四、学生选课时应遵循以下原则：

1. 学生需在学院规定的时间内及时预交学习费用。每门课程学习费用＝收费标准 × 课程学分。
2. 选课时应充分考虑自身的学习条件，应保证有足够的时间和精力完成所选课程的学习。学生每次选课门数不能超过8门，学分数不能超过30学分。
3. 选课时要注意查看学院发布的教学实施计划及选课通知，及时、合理地完成网上选课操作。
4. 要注意根据课程的前后逻辑及课程连续性进行选课。必修课的学习最好遵循公共基础课、专业基础课、专业课的顺序进行。
5. 在学院规定的选课期限内，学生对新选的课程可进行退选操作或调整新选课程。选课结束后，不能退选或改选其他课程。
6. 学生选定的课程，于开课时统一在网上开通，学生毕业时关闭。
7. 学生学习选修课获得的学分，超过教学计划规定的学分时，超出的学分也按照收费标准收费且不能代替教学计划中规定的必修课程学分和方向课程学分。多修的选修课的课程学分计入平均学分绩点（GPA）。
8. 学生在规定的学习期限内，不能按期完成学业者，视修课和学分情况可申请办理相关成绩证明。
9. 符合招生条件的跨专业学习的学生在选课时应注意参照教学计划的相关要求（参见《北京大学医学网络教育学院关于跨专业学生的认定及加修课程的管理规定》）。
10. 学生确因特殊情况，申请由学习中心代选课的，需与学习中心签订代选课委托书，以保证学院、学习中心及学生的权益。

五、重修

若学生修完某门课程，参与各项考核后总评成绩没有通过，或者通过但对成绩不满意，且没有机会刷新各项成绩，须申请重修，重新学习该门课程、参加各项考核以获得课程学分：

1. 如重修课程为必修课，则必须通过重修本门课程以取得学分。
2. 如重修课程为选修课，则既可以重修本门课程，也可以改选其他选修课程。
3. 课程重修后，原各项学习成绩的最高成绩将被保留，重修可获得参与该课程各项学习活动的机会，重修课程可直接预约最近批次的考试。
4. 重修课需按正常收费标准重新交纳学费。

北京大学医学网络教育学院
关于课程学分互认管理规定

一、重读我院本专业的学分互认规定

（一）适用对象：在有效学习年限内因故退学或规定修学年限已满而未能毕业，希望重读本专业同层次的学生。

（二）申请学分互认的要求：

1. 学分互认的时间需在前次课程学分获得时间的 8 年内，原专业已学过的课程，经认定与现专业教学计划规定的课程内容相同，且成绩通过，可以申请相应课程学分的互认。

2. 申请课程学分互认不受总学分数限制。无论原课程学分多少，申请学分互认的课程学分一律按现专业教学计划规定的学分计算。必修课、选修课以及实习课程均可办理课程学分互认，不受修课类型的限制。在选课期间，办理课程学分互认；若学生在选课阶段已选该课程后，再提出课程学分互认申请，学院将不予办理。

3. 学分互认课程的成绩按原课程成绩记，按新教学计划要求参与平均学分绩点（GPA）计算。

4. 获准办理互认的课程免交课程学费，无需订购教材。

二、攻读我院第二本科学历的学分互认规定

（一）适用对象：通过我院某专业专升本学历教育，已经取得该专业学历毕业证书，再次进入我院攻读其他专业同层次的学生。

（二）申请学分互认的要求

1. 原专业已学过的课程，经认定与第二专业教学计划规定的课程内容相同，且成绩通过，可以申请相应课程学分的互认。

2. 申请课程学分互认的总学分（含课程学分和奖励学分）不得超过第二专业教学计划开设的课程总学分（不含毕业实习）的 30%。无论原课程学分多少，申请学分互认的课程学分一律按第二专业教学计划规定的学分计算。

3. 必修课（不含毕业实习）、选修课均可办理课程学分互认，不受修课类型的限制。

4. 在选课期间，办理课程学分互认；若学生在选课阶段已选该课程后，再提出课程学分互认申请，学院将不予办理。

5. 学分互认课程的成绩按原课程成绩记，按第二专业教学计划要求参与平均学分绩点（GPA）计算。

6. 获准办理互认的课程免交课程学费，无需订购教材。

三、学生须通过平台自助办理学分互认

四、本院非学历培训模块课程学分互认

获得本院非学历远程教育的课程证明或相应学分,经审核认可,可以互认为学历教育相应课程的学分。

北京大学医学网络教育学院
关于课程免修管理规定

一、申请课程免修提供的成绩和相关证明必须是进入本院学习前获得的相关课程成绩，且所获课程成绩距入学时间不超过六年。累计的免修课程的总学分不得超过本专业教学计划开设的必修课程（不含毕业实习）总学分的20%，不管原课程学分多少，申请免修的课程学分一律按我院教学计划规定的学分计算。

二、申请课程免修须在该课程选修之前办理，学院对学生已选课程一律不予办理免修，符合条件者若已选课可以申请办理课程免考。

三、选修课课程一律不予办理免修。

四、符合上述条件，且具备以下情况者，给予学分认可，允许课程免修：

1. 学生通过以下几种形式获得的课程成绩，经我院确认为同层次的公共课或为同层次、同专业的专业课，与我院本专业教学计划规定的学时数和内容相当，且考试成绩在70分以上，可以申请相应课程的免修：

（1）全日制正规大学中修过的课程。

（2）高等教育自学考试中通过的课程。

（3）教育部批准的全国重点大学网络教育学院中修过的课程。

2. 本校专科毕业直接就读我院相同专业的本科层次的学生，经我院确认专科阶段学习过相应课程，且考试成绩在80分以上，可以申请相应课程的免修。

3. 以下情况可以申请《大学英语1》或《大学英语2》课程的免修：

（1）取得教育部颁发的大学英语四级或以上级别合格证者。

（2）参加改革后的四、六级考试，大学英语四级考试420分（含）以上或六级考试300分（含）以上可免修我院专升本层次《大学英语2》课程；大学英语四级考试400分（含）以上或六级考试275分（含）以上可免修我院专科层次《大学英语1》课程。

（3）原专业为英语专业，并取得专科或专科以上国民教育系列毕业证书者。

（4）参加权威机构认证的留学生英语水平考试并获得合格成绩者：托福80分以上，雅思5.0分以上。

4. 以下情况可以申请除《计算机应用基础（统考）》外其他计算机课程的免修：

（1）已具有国民教育系列本科以上学历者（含本科），可申请免修计算机公共课。

（2）取得教育部颁布的全国计算机等级考试一级或以上级别合格证书者可申请免修计算机公共课。

（3）取得二级或以上级别合格证书者可以申请免修相关计算机专业课。

（4）原专业为计算机相关专业，并取得专科或专科以上国民教育系列毕业证书可申请免修我院所有计算机类课程。

五、入学前符合国家规定的统考英语、统考计算机免考条件者可以申请免修《大学英语（统考）》和《计算机应用基础（统考）》课程，不受年限限制。免考条件参见《学生手册》"北京大学医学网络教育学院关于落实本科层次公共基础课全国统一考试的管理规定"。

六、申请免修程序

1. 学生通过网络提交课程成绩单或相关合格证书的扫描件，然后将其原件和复印件交到所在学习中心。

2. 学习中心在收到学生材料后检查原件与网上扫描件是否一致，并在规定时间内在网上进行初审。

3. 学院对学习中心的初审结果进行终审，并通过网络予以批复。

4. 本院直升的学生可以直接通过网上自助办理相关课程的免修。

七、学生须如实提供免修课程的有关证明，弄虚作假者一经查实，不予办理。

八、免修课程的成绩记"免修"字样，不计入平均学分绩点（GPA）计算。

九、获准课程免修的学生，可免于课程的学习和考试，不缴纳相应课程的学费直接获得学分。

北京大学医学网络教育学院
关于课程免考管理规定

一、学生进入本院学习后，符合学院课程免考条件者，可申请办理课程免考，经学院审核批准后，免于课程考试而取得学分，但应缴纳学费。

二、课程免考申请条件如下：

1. 入学注册时实际年龄已满40周岁的学生，可申请免考本院教学计划中《大学英语》系列课程。上半年入学注册的日期按3月31日计，下半年入学注册的日期按9月30日计。

2. 户籍在少数民族聚居地区的少数民族学生可申请免考本院教学计划中《大学英语》系列课程。具体界定标准查询附表。

3. 学生入学后如取得其他机构提供的课程成绩或相关证明，且符合我院《关于课程免修管理规定》中第四、五项规定者。

4. 符合学院课程免修条件，但未在选课前及时办理该课程免修者，可申请该课程免考，已选课程费用不予退还。

三、课程免考申请时间：学院每年4月和10月开放课程免考批次，学生在此期间集中申请办理，获准免考的课程视为放弃约考和考试机会，将不允许参加约考和考试。

四、申请免考程序

1. 学生通过网络提交课程成绩单或相关证明的扫描件，然后将其原件和复印件交到所在学习中心。

2. 学习中心在收到学生材料后检查原件与网上扫描件是否一致，并在规定时间内在网上进行初审。

3. 学院对学习中心的初审结果进行终审，并通过网络予以批复。

五、学生务必提供真实有效的免考证明材料，凡弄虚作假者一经查出取消免考资格。

六、免考课程的成绩记"免考"字样，不计入平均学分绩点（GPA）计算。

七、获准免考的课程不能用作申请本院其他专业层次的课程免修或互认的依据。

附表：免考《大学英语》系列课程的少数民族界定

一、西藏自治区、新疆维吾尔自治区、广西壮族自治区、内蒙古自治区、青海省、云南省、贵州省、四川省、重庆市、宁夏回族自治区、甘肃省、陕西省等西部地区的少数民族学生。

二、下表所列少数民族自治州、少数民族自治县的少数民族学生。

少数民族自治州

省（区）	名 称	人民政府所在地	成立日期
吉林省	延边朝鲜族自治州	延吉	1952.09.03
湖南省	湘西土家族苗族自治州	吉首	1957.09.20
湖北省	恩施土家族苗族自治州	恩施	1983.12.01

少数民族自治县

省（区）	名 称	人民政府所在地	成立日期
黑龙江省	杜尔伯特蒙古族自治县	泰康	1956.12.05
辽宁省	喀喇沁左翼蒙古族自治县	大城子	1958.04.01
	阜新蒙古族自治县	阜新	1958.04.07
	新宾满族自治县	新宾	1985.06.07
	岫岩满族自治县	岫岩	1985.06.11
	清原满族自治县	清原	1990.06.06
	本溪满族自治县	小市	1990.06.08
	桓仁满族自治县	桓仁	1990.06.10
	宽甸满族自治县	宽甸	1990.06.12
吉林省	前郭尔罗斯蒙古族自治县	前郭	1956.09.01
	长白朝鲜族自治县	长白	1958.09.15
	伊通满族自治县	伊通	1989.08.30
河北省	孟村回族自治县	孟村	1955.11.30
	大厂回族自治县	大厂	1955.12.07
	青龙满族自治县	青龙	1987.05.10
	丰宁满族自治县	大阁	1987.05.15
	围场满族蒙古族自治县	围场	1990.06.12
	宽城满族自治县	宽城	1990.06.16
湖南省	通道侗族自治县	双江	1954.05.07
	江华瑶族自治县	沱江	1955.11.25
	城步苗族自治县	儒林	1956.11.30
	新晃侗族自治县	新晃	1956.12.05
	芷江侗族自治县	芷江	1987.09.24
	靖州苗族侗族自治县	渠阳	1987.09.27
	麻阳苗族自治县	高村	1990.04.01
海南省	乐东黎族自治县	抱由	1987.12.28
	琼中黎族苗族自治县	营根	1987.12.28
	保亭黎族苗族自治县	保城	1987.12.30
	昌江黎族自治县	石碌	1987.12.30
	白沙黎族自治县	牙叉	1987.12.30
	陵水黎族自治县	陵城	1987.12.30

续表

省（区）	名　称	人民政府所在地	成立日期
湖北省	长阳土家族自治县	龙舟坪	1984.12.08
	五峰土家族自治县	五峰	1984.12.12
广东省	连南瑶族自治县	三江	1953.01.25
	连山壮族瑶族自治县	吉田	1962.09.26
	乳源瑶族自治县	乳城	1963.10.01
浙江省	景宁畲族自治县	鹤溪	1984.12.24

北京大学医学网络教育学院
关于毕业实习管理规定

毕业实习是医学网络教育中的重要环节，目的是为了促进学生理论联系实际、独立分析问题、解决问题以及动手的能力。为了加强网络学院对毕业实习工作的管理，保证实习效果，要求学生在实习期间按本管理规定执行。

一、毕业实习的目的

1. 培养学生严肃认真的科学态度和求实的工作作风，形成独立分析问题、解决问题的能力，掌握科学的方法论。

2. 培养学生综合运用所学基础理论、专业知识和基本技能发现、分析、解决与本专业相关的实际问题，以及从事科学研究工作或担负专门技术工作的基本能力。

二、毕业实习的要求

1. 护理学专业毕业实习要求

（1）现从事护理及相关专业工作的学生，所在单位为二级甲等及以上医院的，可在学生本人现工作医院进行所从事专业的毕业实习12周。

（2）现从事护理及相关专业工作的学生，所在单位为二级甲等以下医院的，必须到二级甲等及以上医院完成所从事专业的毕业实习12周。

（3）学生在学期间到上一级医院或单位进修学习6个月以上者，有进修单位出具证明及评价可作为毕业实习过程参考条件。

（4）毕业实习必须按北京大学医学网络教育学院毕业实习手册的具体要求完成。

（5）北京大学医学网络教育学院和各学习中心组织有关实习指导教师对实习过程进行评议，给出毕业实习成绩。

（6）专科学生于毕业实习结束时参加实践技能综合考核和毕业理论考试，本科学生于毕业实习结束时应完成一份毕业实习报告（总结）和毕业论文。

（7）毕业实习成绩不计入 GPA。

2. 药学专业毕业实习要求

（1）现从事药学及相关专业工作的学生，所在单位为具有一定教学条件的医院、药厂、药店及药事管理机构的，可在学生本人现工作单位进行所从事专业的毕业实习8周。

（2）现从事药学及相关专业工作的学生，所在单位不能满足实习条件的，必须到相应的教学实习单位完成所从事专业的毕业实习8周。

（3）学生在学期间到上一级单位进修学习3个月以上者，有进修单位出具证明及评价可作为毕业实习过程参考条件。

（4）毕业实习必须按北京大学医学网络教育学院毕业实习手册的具体要求完成。

（5）北京大学医学网络教育学院和各学习中心组织有关实习指导教师对实习过程评议，

给出毕业实习成绩。

（6）专科学生于毕业实习结束时完成一份毕业实习报告（总结）和参加毕业理论考试。本科学生于毕业实习结束时完成一份毕业实习报告（总结）和毕业论文。

（7）毕业实习成绩不计入 GPA。

3. 管理类专业毕业实习要求

（1）现从事公共事业管理（卫生事业管理）、信息管理与信息系统（医学信息管理）及相关专业工作的学生，所在单位为具有一定教学条件的医院、医药卫生管理机构、信息管理机构的，可在学生本人现工作单位进行所从事专业的毕业实习 8 周。

（2）现从事公共事业管理（卫生事业管理）、信息管理与信息系统（医学信息管理）及相关专业工作的学生，所在单位不能满足实习条件的，必须到相应的教学实习单位完成所从事专业的毕业实习 8 周。

（3）学生在学期间到上一级单位进修学习 3 个月以上者，有进修单位出具证明及评价可作为毕业实习过程参考条件。

（4）毕业实习必须按北京大学医学网络教育学院毕业实习手册的具体要求完成。

（5）北京大学医学网络教育学院和各学习中心组织有关实习指导教师对实习过程评议，给出毕业实习成绩。

（6）专科学生于毕业实习结束时完成一份毕业实习报告（总结）和参加毕业理论考试，本科学生于毕业实习结束时完成一份毕业实习报告（总结）和毕业论文。

（7）毕业实习成绩不计入 GPA。

4. 应用心理学专业毕业实习要求

（1）现从事心理学相关工作的学生，所在单位具备相应实习条件的，可在学生本人现工作单位进行所从事专业的毕业实习 8 周。所在单位不能满足实习条件的，必须到相应的心理教学或实习单位完成所从事专业的毕业实习 8 周。

（2）学生在学期间到上一级单位进修学习 3 个月以上者，有进修单位出具证明及评价可作为毕业实习过程参考条件。

（3）毕业实习必须按北京大学医学网络教育学院毕业实习手册的具体要求完成。

（4）北京大学医学网络教育学院和各学习中心组织有关实习指导教师对实习过程评议，给出毕业实习成绩。

（5）学生于毕业实习结束时完成一份毕业实习报告（总结）和毕业论文。

（6）毕业实习成绩不计入 GPA。

三、组织管理工作

1. 学习中心根据教学计划要求负责组织毕业实习工作。对学生所提交的进修、工作证明原始材料由学习中心验证、审批后报北京大学医学网络教育学院复核并备案。

2. 各专业学生毕业实习要严格按照毕业实习手册要求认真完成实习内容，填写实习手册及参加考核。

3. 学生在实习期间的管理和相关服务由各学习中心负责。所有毕业实习环节的组织情况（包括实习计划、实习单位、指导教师、实习学生名单等）均报送学院备案。

4. 毕业实习完成后，由各学习中心实习指导教师填写对学生毕业实习和毕业实习报告（总结）和毕业论文的成绩评定。成绩和实习手册盖各学习中心公章，报送学院审核备案。

5. 要求学生以实事求是的态度、科学严谨的作风完成毕业实习及论文。不得剽窃抄袭他人的成果，不得虚构编造数据和资料；如有上述情况取消其实习及论文成绩。

北京大学医学网络教育学院
学生用学习材料管理规定

一、所有课程均使用北京大学医学网络教育学院指定的学习材料（教材、辅助学习资料、网络课件等）。

二、学生购买学习材料实行预交费办法，预交金额见有关通知。
1. 学生须登录网上教学平台选订教材及其他学习辅导资料。
2. 学生登录网上教学平台后，在"个人账户"中核对个人教材费用的详细使用情况（如发现记录有问题，需及时与学院联系解决）。
3. 当书费账户资金余额不足时，学生需根据订单页面的提示，在规定的选课期间内及时补交书费，以免影响订购。
4. 包括书费账户在内的所有学生账户，在学生毕业、退学或结业时统一结算。

三、学生应在选课期间订购相应学习材料，订购以课程为单位，每门课程内所包含的材料不可拆分订购，选课结束后不再接受订购。

四、学生订购学习材料时可选择邮寄方式，学院根据学生订单统一进行配送。

五、学生在接收学习材料时，应核对学习材料的名称和价格后进行签收或领取，如有质量问题，可予以调换，学院对已发给学生的学习资料不予退货。

六、统考和学位英语学习材料同样由学生根据相关通知在教学平台自行订购，订购时间和要求以相关通知为准。

七、学生订购学习材料后，必须在规定时间内尽快领取，该批次订购结束后一年内未领取的视为自动放弃，不退还该教材费。

北京大学医学网络教育学院
关于课程考核与成绩管理规定

一、课程考核包括形成性考核和总结性考核两种方式。

根据课程性质和教学要求的不同，形成性考核由平时作业、论坛和实验等多种形式构成。总结性考核为课程期末考试。形成性考核和总结性考核各占一定的比例。

二、形成性考核

1. 每门课程根据其性质和教学要求布置网上平时作业，学生需在规定的时间内完成。
2. 网上作业分为客观作业和主观作业两种类型，客观作业提交成功后系统自动显示分数，平台只保留最高分数；主观作业平台只保留最后一次提交结果，在作业区关闭之后统一由老师网上批改。
3. 有网上论坛要求的课程，学生需在规定时间内完成主题讨论以获得相应成绩。
4. 实验和其他实践性教学环节的考核在学习中心完成，由学习中心进行考核。
5. 作业、论坛和实验等各项形成性考核成绩以一定比例记入课程总评成绩。

三、每门课程关于形成性、总结性考核的具体要求需进入网络课程查看相应说明。

四、考试预约

1. 考试预约是指学生在考前针对自身情况选择要考试的课程，进行考试预约，学院据此做出考试安排。考试预约是学生参加考试的前提条件，学生只有按时完成某门课程的考试预约，才能进行该门课程的考试。
2. 课程预约考试的前提条件：选定的课程从网上开通到课程考试时，学习时间满 3 个月。
3. 学院于考前 2 个月发布约考通知并开通约考。学生必须在约考期限内通过网上教学平台预约参加考试的课程，并对系统自动配考课程进行取消或修改，每次考试最多可预约 6 门课程。
4. 约考截止后不得退考。约考课程如不参加考试，按缺考处理，即为自动放弃一次考试机会。
5. 在学习期限内，每门课程最多可参加 3 次考试。考试未通过可再次预约考试。倘若课程总评成绩已通过(状态为"未激活")，将不允许约考。成绩通过但对成绩不满意者可通过激活状态获得剩余的提交作业和约考的机会。
6. 未约考参加考试，即使成绩合格，也按"无效"计。

五、考试方式

考试一般采用笔试、闭卷的方式进行，部分课程采取网上考试或提交论文的方式。考试内容一般不超出教学大纲规定的范围，既考核学生对基本理论、基本知识和基本技能的掌握程度，也检验学生运用基本理论分析问题和解决问题的能力。

六、考试时间

1. 学院每年安排3次考试，时间一般安排在1、4、7月。具体考试时间另行通知。
2. 学位英语考试、统考等时间安排届时参见相关通知。

七、成绩管理

1. 由学习中心进行实验和其他实践性教学环节考核成绩的复核、登录和汇总，并在课程考试结束后两周内报网络学院审核。
2. 本批次所有考试结束后35个工作日发布成绩。自成绩公布之日起，学生如对成绩有疑问，可在规定时间内对考试成绩进行查询和复核，5个工作日内给予学生答复。逾期不再受理查询与复核。
3. 接受学生成绩查询和复核完毕后，成绩进入归档管理，不得更改。

八、关于政府组织的考试

1. 根据北京大学学位授予规定，成人本科生申请学士学位，必须在学期间参加我院组织的北京地区成人本科学士学位英语统一考试，取得合格证书。
2. 本科层次的学生在学期间除需修完教学计划规定的最低学分数，还需参加教育部组织的国家规定的英语、计算机课程全国统一考试，成绩合格，才可颁发北京大学成人高等教育毕业证书。
3. 学位英语考试、全国统一考试的时间和场所由政府统一组织安排。

北京大学医学网络教育学院
关于课程单科选修管理规定

为满足学员学习单科课程的愿望,加强对课程单科选修的规范管理,结合我院实际情况,特制定本规定。

一、单科选修条件及方式

课程单科选修属于非学历教育。凡有能力参加课程学习的人员均可申请。申请者持本人身份证原件及复印件、一寸免冠照片2张等到网络学院或校外学习中心报名,经学院审核、批准后,进入学习过程。学院发给课程单科学习证,学员凭证学习、参加考试。

单科学习生可以选修我院已开设的学历教育中的任何课程。课程教学方式、教学要求、考试管理办法等与学历教育相同。

二、学习年限

自课程开通之日起,每门课程的学习期限最长为2年。

三、交费方法

单科学习生须严格按照学院通知的交费时间及交费方式及时完成交费。学费按实际选课发生费用缴纳,若需订购教材,则须缴纳教材费。

学费计算方法:选修课程的学分 × 每学分学费标准。

四、学分转移

单科学习生可申请转为学院学历教育的学生。申请者必须符合我院高等学历教育的入学资格并通过我院组织的入学考试以取得正式学籍,学籍从正式录取为学历教育学生时算起。

单科学习生在录取为学历教育学生后,其被录取前在本院取得的学习成绩(8年内有效),符合录取后所学专业教学计划要求的,可直接获得承认,按原始成绩计入GPA。待符合毕业条件并达到规定年限后可获得学历教育毕业证书。

五、证书

单科学习生在规定的学习期限内完成选修课程的学习并且成绩合格者,颁发北京大学医学网络教育学院单科学习成绩合格证书。

北京大学医学网络教育学院
学士学位论文撰写规定

学士学位论文是我院本科毕业生申请学士学位的必备条件之一，是培养学生理论联系实际，锻炼学生科研能力的有效手段。学位论文包括科研论文和综述论文两种类型。北京大学医学网络教育学院经过全面研究和讨论，对学位论文的内容和形式提出如下规定。

一、学位论文的内容要求

1. 选题要结合目前所从事的专业，立意新颖，有一定的学术意义和应用价值。
2. 使用资料必须翔实；观点、见解要有创意；论证要系统、充分，逻辑性强。
3. 中心突出、结构严谨、层次分明、语言流畅。
4. 论文字数不少于 3000 字（参考文献不计），全部引文必须注明出处。
5. 全部内容必须在网络学院学习期间由本人独立完成，不得由他人代写，不得抄袭他人的成果，已发表的论文不能作为学位论文。如认定存在类似问题，取消学位申请资格。

二、学位论文的撰写格式

（一）科研论文

1. 文题
文题应能概括论文的主要内容，表达出论文的主题，一般不超过 20 个汉字。
2. 署名
文题下写明学生姓名、学号、专业、所在学习中心。
3. 摘要
包括目的、方法、结果、结论，文字在 200 字左右为宜。
4. 关键词
列出 3~5 个关键词
5. 正文
正文是学位论文的主体部分，包括有：前言、材料与方法、结果、讨论等几部分。
6. 参考文献
在论文最后列出本文所参考的主要文献目录，格式参照一般学术杂志的要求。

（二）综述论文

综述论文的文题、署名、摘要、关键词等部分的要求与科研论文的要求相同，正文部分与参考文献要求如下：

1. 正文
正文包括：前言（引言）部分、中心部分、小结。

2. 参考文献

参考文献是综述论文的重要组成部分，所列文献要多于一般科研论文，一般应在10~20篇左右，不超过40篇。

三、学位论文的规格要求

自 2015 年起学位论文定稿统一用电子稿，要求：论文主标题 3 号字黑体居中；副标题 4 号字黑体居中；论文内各标题 4 号字黑体；摘要，关键词和参考文献宋体 5 号字，正文宋体小 4 号字；注释一律采用脚注，宋体 5 号字。

四、学位论文的评定和答辩

北京大学医学网络教育学院按论文的题目和内容进行分类，组织有关专家进行评阅。

符合基本要求者评为及格，在某些方面确有一定的学术价值或应用价值，或有一定创新者，可评为良好或优秀。

学院根据学位论文撰写情况，抽取一定数目的学生进行学位论文答辩。

五、学位论文的存档

学生的学位论文统一在北京大学医学网络教育学院电子资料库中保存。

北京大学医学网络教育学院关于落实本科层次公共基础课全国统一考试的管理规定

根据教育部文件精神，对 2004 年 3 月 1 日以后（含 3 月 1 日）注册入学的普通高校网络教育本科学生，实行部分公共基础课全国统考，所有统考科目成绩合格作为教育部高等教育学历证书电子注册资格的条件之一，为规范我院学生参加全国统考的管理，制定本办法。

一、考试对象

我院入学批次为 2004 春季及以后的本科层次学历教育的学生都要参加部分公共基础课全国统一考试。

二、考试科目

1. 我院高中起点本科学生的统考科目为《大学英语（B）》《计算机应用基础》《大学语文（B）》。
2. 我院专科起点本科学生的统考科目为《大学英语（B）》《计算机应用基础》。

三、考试时间

每次具体考试时间将提前在中国现代远程与继续教育网（www.cdce.cn）上公布。学生在修业年限内可以多次参加统考，每次参加考试的门次由学生自己选定。

四、报名与考试

1. 考生在规定的时间内，在中国现代远程与继续教育网（www.cdce.cn）进行报名、缴费。
2. 考生在规定的时间内，通过中国现代远程与继续教育网（www.cdce.cn）统考信息管理系统下载并打印《准考证》。
3. 考生需持"居民身份证"或"军人证件"（包括军官证、士兵证），和《准考证》参加考试。考生报名时使用的证件与考场出示的证件必须一致。
4. 统考考试方式一般采取机考（网考）形式。

五、考试违纪处理

考生违纪违规的具体情况将按照《试点高校网络教育部分公共基础课统一考试违纪处理办法》的规定做出处理。处理规定如下：

1. 代替他人或由他人代替参加考试者，取消统考资格及毕业证注册资格。
2. 有考试作弊行为的考生，当次考试全部科目成绩无效，并视情节严重情况给予停考 1 ~ 3 年的处理。
3. 有考试违纪行为的考生，其相关科目的考试成绩无效。

六、成绩管理

1. 网考办为考生建立了统考考籍档案，不再发放统考考试合格证书。

2. 考试成绩由教育部网考办于考试结束 1 个月后发布，考生可以通过以下方式查询统考成绩：

（1）网络方式：登录中国现代远程与继续教育网（www.cdce.cn），使用"网院考生入口或电大考生入口"进入，输入登录用户名和密码进入查看，可以看到成绩是否合格。

（2）短信方式：移动、联通、电信用户发送 AJK+ 考号（如 AJK012345678901）到 1066335577 进行成绩查询，编辑短信不能添加空格等特殊符号。资费：全国1元/条，不含通信费。

（3）考生可登录学院平台查询统考成绩。

七、关于免考

1. 各类免考条件及其适用的学生范围和免考科目情况。

免考条件	适用学生	免考科目
已具有国民教育系列本科以上学历（含本科）	所有专业	全部科目
获得全国计算机等级考试一级 B 或以上级别证书	非计算机类专业	计算机应用基础
获得大学英语四级或以上证书（2006 年 1 月 1 日前）	非英语专业	大学英语
参加改革后的四、六级考试，成绩达到 420 分（2006 年 1 月 1 日前）	非英语专业	大学英语
获得全国公共英语等级考试 PETS 三级或以上级别证书（《笔试成绩合格证》即可）	非英语专业	大学英语
获得省级教育行政部门组织的成人教育学位英语考试合格证书	非英语专业	大学英语
入学注册时年龄满 40 周岁（以身份证上的出生日期为准）	非英语专业	大学英语
户籍（以身份证的为准）在界定范围内的少数民族聚居地区的少数民族学生（详见教高 [2004]5 号文件的附件）	非英语专业	大学英语
获得日本语能力测试（JLPT）三级或以上级别证书	日语专业	大学英语
获得日语专业四级或八级证书	日语专业	大学英语
获得日本语能力测试（JLPT）四级或以上级别证书	公共外语为日语	大学英语
获得大学日语四级证书	公共外语为日语	大学英语
获得大学俄语四级证书	公共外语为俄语	大学英语
已参加统考且成绩通过	所有专业	已考科目
已通过应报考科目高一级别统考且成绩通过	所有专业	应考科目

2. 办理免考的程序

（1）学生持免考证明材料原件到所在学习中心申请免考。

（2）学习中心对学生的免考证明材料原件进行初审，初审合格填写"免考申请表"。

（3）学习中心向网络教育学院报送学生的免考证明材料原件的扫描件或复印件和"免考汇总表"。

（4）网络教育学院对免考申请材料进行审核并统一汇总报送网考办备案。

八、学院有权根据教育部规定对本办法进行修订。

北京大学医学网络教育学院
关于学习中心教师用书的管理办法

"教师用书"是指各学习中心辅导教师所使用的教材及参考资料。为加强教师用书的管理，有效利用教材资源，避免浪费，经研究特制定本办法。

一、教师用书的选定

1. 由学院教学资源中心向各学习中心提供《课程与教材对应目录》。
2. 各学习中心根据本中心所开设的专业、轨道，参照平台首页课程安排选定教材。

二、教师用书的获得方式

1. 教师用书的获得方式分为免费提供和自费购买两类。
2. 免费提供教师用书的原则如下：
（1）各学习中心新开设的课程和改版课程。
（2）同一版别的教材或课件每个学习中心原则上只免费提供一份。
（3）向学院学生支持中心提交符合以上条件的《教师用书申请单》，由该部门审核后转交教材发行部实施配送。
3. 各学习中心及辅导教师如需自费购买相关教师用书，可直接向学院教材发行部报订。

三、教师用书的保管

1. 学习中心收到教师用书后，转发给辅导教师，并做好辅导教师使用教师用书的情况记录。
2. 当辅导教师发生变更时，学习中心应从原辅导教师处收回教师用书，并转给下任辅导教师继续使用。
3. 各学习中心应妥善保管好教师用书，当版本、名称没有变化时，可以滚动到下一年度继续使用。

四、学院各部门工作所需的教材经由教学院长审批后，由教材发行部配送。

北京大学医学网络教育学院
校外学习中心考务管理规定

考试是整个教学环节的一项重要工作，是检验、评价教学质量和服务质量的一个重要手段。严格考试管理，加强考风考纪建设，使考试管理工作科学化、制度化、规范化，是树立良好学风及学院良好的社会形象、确保教学质量、达到培养目标的重要措施和手段。

一、学习中心考务机构人员设置、职责

各学习中心设考务办公室，设主考1人，负责本学习中心考务管理工作；设副主考1~2人，协助主考做好本学习中心具体的考务管理工作。

1. 学习中心考务办公室职责

（1）及时传达学院发布的有关考务方面的各项规定及相关信息。

（2）本学习中心考试工作的具体管理、协调与实施。包括考试预约处理、试卷预定、考场的安排等。

（3）负责选聘、培训监考人员，每个考场设监考2~3人。监考教师的选聘要实行回避制，不能担任自己负责的教学或管理工作的教学班的考试监考工作。

小于等于30人配备2名监考教师

大于30人且小于等于60人配备3名监考教师

大于60人且小于等于90人配备4名监考教师

（4）试卷及考试软件的接收与保管。确保试卷及考试软件及时到位，安全保密。

（5）按相关要求规定，及时将考后试卷清点密封，并传到指定地点和人员。

（6）按规定处理本学习中心的一般性问题，遇有重大问题或突发事件，要及时采取措施并立即上报。

（7）对工作人员和考生进行考风考纪的宣传教育，防范各种违纪现象的发生。做好考试总结工作，并按有关规定处理和上报考生的违纪事件及处理意见。

2. 学习中心主考职责

（1）学习中心主考是本学习中心考试工作的第一负责人，主考由学习中心负责人担任，全面负责学习中心的考试组织工作，严格执行考务工作的各项规章制度和工作要求，保证考试公正、顺利。

（2）全面负责学习中心的考试组织和管理工作，组织制定工作安排和实施方案，选聘监考人员和其他工作人员。

（3）作为学习中心待考试卷和答卷第一安全监护人，须严格执行保密、安全制度。所有试卷和答卷要无泄密、无差错，杜绝舞弊行为。出现试卷短少、损坏、遗失、泄密等情况须立即向上级报告，不得延误隐瞒，不准擅自拆装复印试卷。

（4）负责组织监考人员和其他工作人员的培训，组织学习相关的文件、规定，明确工

作要求和工作程序。

（5）考试期间，负责做好学习中心的封闭管理。各级管理人员和监考人员要佩戴统一工作标志，无关人员一律不得进入。

（6）监督报时员准时发出每次考试开始、终结信号。不得随意提前、延长、改变考试时间。

（7）负责检查考试纪律和监考人员工作情况，要及时处理考试中发生的问题，对严重失职的考试工作人员视情节轻重给予必要的处理。每个考次结束后，对舞弊考生张榜公布。

（8）考试中如遇洪水、火灾等突发灾情，有权中止考试并及时向有关部门报告，妥善处理。

（9）考试期间发现个别考场考生集体作弊或考场失控，应立即中止考试，及时上报学院考试部，并按学院处理要求进行妥善解决。

（10）考试中，对试卷、命题有误，要立即上报学院的考务管理部门，并将上级处理意见及时通知相关考生。

（11）每场考试结束后，要督促工作人员按规定及时清点、密封试卷，检查考场记录，监收试卷，按时送往试卷库。

（12）整个考试结束后，派专人清点、整理试卷，按规定渠道送往指定地点和人员。同时，结合本次考试组织管理情况和考务要求写出考试工作总结，报送学院考试服务部。

3. 监考人员准则

（1）监考人是考场执法者，是考试真实有效的鉴定人。监考人须以高度负责的精神做好考试监督、检查工作，严格维护考场纪律，确保考试公正、顺利进行。

（2）监考人须工作认真、作风正派、责任心强、忠于职守，自觉抵制一切舞弊行为和不良风气。监考人要认真履行监考职责，严格遵守监考工作流程。

（3）监考人应遵守回避制度，遇有亲属参考或其他可能影响公正执法的情况，监考人应主动声明回避。

（4）监考人员要接受工作培训，认真学习考试的有关政策、规定，明确监考任务和工作流程。

（5）监考人员必须佩戴统一监考标志（考后交回），遵守考试作息制度，不迟到、不早退，不擅离职守。

（6）监考人员要热情耐心，关心爱护考生。监考人员要为人师表，模范遵守考场纪律。

二、试卷传输与保管

1. 试卷下发与接收。试卷由学院直接寄到学习中心，试卷约在考前2天左右到达，各学习中心考务负责人注意适时接收并根据装箱单上的试卷袋数清点、签收。要及时清点核对科目、场次及卷袋数，如有不符，立即联系学院考试服务部。

2. 试卷保管。学习中心接收试卷后，须及时入保密室专人保管，保密室和保密柜的钥匙应由两名试卷保管员分别保管，非考务人员不得入内。试卷开考启用前，任何人不得以任何理由擅自启封试卷袋。保密室须保持清洁干燥，符合防盗、防潮要求。

3. 试卷启封、分发。考前要严格按照规定时间，由监考老师到保密室领取试卷，仔细核对试卷袋封面的科目名称、场次、考核形式和试卷份数，检查试卷密封是否完好，无误后办理试卷出库手续，并径直到考场。试卷由监考老师在考场内当众拆封、分发。

4. 考后试卷装订。考试结束后，监考人须详细清点试卷份数，按规定装订并填写考场登记表。杜绝漏装、错装等错误发生。装订后的试卷应立刻交专门管理人员查验并密封保管（有专门答题纸的，将试卷和答题纸分开装订，答题纸密封，试卷一并交回）。

三、考场布置

1. 考场场地、桌椅、光线、通风及安全、卫生等条件要符合考试要求，计算机考试考场还要具备相应场地、设备条件。按标准考场每个考场考生 30 人，考生座位须单人单桌、单行排列。

2. 课桌须反向摆设，前后左右间距 80cm 以上。

3. 按桌编号，座位号按顺序排列，考生对号入座，不得互换座位。

4. 考场的墙、黑板上，凡与考试有关的文字资料，以及课桌内的废纸、杂物等，都必须彻底清除，地面须打扫干净。考场内除必备物品、文字外，不得留有其他物品和文字。

5. 每个考场应设置物品专放桌，供考生存放携带的书包、书籍、资料等物品。

四、考试组织及流程

1. 考前

（1）考前 30 分钟，监考人到考办指定地点报到，接受主考指示，领取任务，核对时间，佩带监考标志牌。

（2）监考人到保密室领取试卷，核对试卷袋的科目名称、考核形式和试卷份数，检查试卷密封是否完好，无误后办理试卷出库手续，并径直到考场。

（3）考前 20 分钟到达指定场所，检验考场是否按要求布置，查看考号是否贴到桌面上方，考生是否单人单桌，行距、列距是否符合标准。

（4）组织学生有序入场，对号入座。检查考生所持准考证或学生证、身份证及其他有效证件是否与本人相符，考试科目是否与本场一致。

（5）监考老师要做好考前清场工作，严禁考生携带书籍刊物（特殊要求除外）、复习资料、通讯工具、夹带小抄及其他一切违禁用品入场。如发现带入，令其立即放在场外指定地点；对不听警告者，应当场予以没收。

（6）向考生宣布考场纪律及其他注意事项，提醒考生做好考试准备。

（7）考前 5 分钟，监考老师当众启封试卷，核对试题科目是否与考试课程相符，检查份数、页数及答题卡是否准确。

（8）发放试卷，提醒考生书写姓名、学号，看清试题要求和答题方式。

（9）如试题全部或部分使用答题卡，监考人应先向考生发放答题卡，督促考生对非答题部分做有效填涂。

2. 考试期间

（1）开考信号传出后，宣布考试开始。

（2）逐一检查考生试卷和答题卡上涂写的姓名、学号（准考证号）等信息是否准确完整。

（3）再一次全面清场，做好考试违禁用品的收缴与清理工作。

（4）监考老师要集中精力，密切关注考场纪律，对考生违纪舞弊行为要大胆管理，及时制止。对不听警告、情节严重者，要果断采取措施并如实记录。

（5）开考30分钟后，禁止迟到考生入场考试；对30分钟后要求提前出场的考生，须核对其试卷份数、页码、答题卡及草稿纸等，确认无误后方能离场。

（6）考试期间，拒绝一切外来无关人员进入考场，对上级领导和巡视员临场检查，应积极配合。

（7）考试过程中，发现考生突然病倒，且短期不能缓解，无法继续考试，应立即送往医院救治。

（8）终场前一刻钟，宣布"距考试结束还有15分钟"。

（9）考试结束信号发出后，宣布考试终止，令考生停止答题，将试卷和答题卡反扣桌面上，迅速离场。禁止考生带走试卷、答题卡和草稿纸。

3. 考试后期

（1）监考老师到各桌面验收试卷和答题卡，并注意检查考生的姓名、学号和其他项目是否有漏填、漏涂现象。对缺考考生，应按规定在其试卷、答题卡和有关记录上做出明确标记。

（2）监考老师将试卷收齐，按顺序整理（有专门答题纸的，将试卷和答题纸分开，答题纸密封，试卷一并交回），与验卷人确认无误后，按要求密封、装订、入袋，贴好密封条，签字后交回保密室。

（3）填写考场情况登记表与试卷一起封装，并填写试卷袋封面上相应内容。

五、考试突发事件应急措施

1. 每次考试前学习中心均应成立突发事件应急指挥小组，并由学习中心负责人直接管理。考试发生突发事件时，学习中心应急指挥小组和考场全体工作人员要坚守岗位，密切监视事态发展，随时向学院应急领导小组报告，妥善处理。

2. 由于自然灾害、交通事故或故障以及其他原因，导致大量考生无法按时到达学习中心，造成考试不能正常进行，相关合作单位、学习中心应将情况报学院应急领导小组，经同意后做出决定。如果在考试过程中发生自然灾害，相关合作单位、学习中心应妥善疏散、安置考生，将损失降至最低。

3. 若暴发传染病，相关合作单位、学习中心应配合当地政府和防疫部门，进行考场隔离、人员隔离或者采取政府和卫生防疫部门要求的其他措施，防止疫情扩散，同时报告学院应急领导小组。若在考试过程中，考生出现危重疾病症状，由考场工作人员做好应急处理，通知考生家属并及时送往医院抢救。若有孕妇考生，监考教师应在考前与孕妇沟通，了解其能否顺利完成考试；在监考过程中，应注意孕妇考生状态，有异常情况及时通知考生家属。

4. 考试期间，实行全封闭式管理，严禁与考试无关的闲杂人员接近或闯入考场。所有监考教师要严查考生证件，查明确实为学院学习中心学员，方可放行进入考场。若考场发生外来干扰，学习中心应急指挥小组应严谨对待，及时上报学院，慎重处理，采取适当应对措施，将不利影响降至最低。

5. 若课程考试期间，考场秩序混乱，出现大面积舞弊现象。学院督考人员、学习中心应急指挥小组负责人要及时报告学院应急领导小组，同时封闭整个考场，经学院应急领导小组同意，宣布取消本次考试。

  6. 若考试开考后，发现考题泄露，严重影响正常考试秩序，各合作单位、学习中心立即向学院应急领导小组报告情况，学院应急领导小组指派专人调查考题泄露事件，按照相关规定进行处理。

  7. 若课程考试中，考生反映试卷题目或试卷内容有问题，监考教师上报学习中心应急指挥小组或学院督考教师，学习中心应急指挥小组或学院督考教师要与学院课程考试值班人员联系，核实后回复。

  8. 若发生其他不可预知突发事件，学习中心应急指挥小组及时上报学院，同时应采取必要措施，将不利因素的负面影响降至最低。

六、总结、讲评

  每次考试结束后，各学习中心的考试办公室要在一周内把本次考试的组织情况，考场纪律情况等写成书面报告，报学院考试服务部。

七、附则

  （一）本制度由学院学生支持服务部门负责解释。
  （二）本制度自发布之日起实施。

北京大学医学网络教育学院
考场纪律与违纪处理规定

为了严肃考风考纪,维护北京大学医学网络教育学院考试的严肃性、公正性和权威性,确保考试工作的顺利进行,对考场纪律和考试违纪舞弊的处理做如下规定:

一、考场纪律要求

1. 学生考试前应做好考前的一切准备,考前10分钟进入考场,凭学生证及身份证对号按规定就座,横竖座位要对齐,凡不符合要求者,要听从监考教师的调整,将有关证件放在桌面以备监考老师核查,无证或证件不全者不得参加考试。开考信号发出后,才能开始答题。

2. 对闭卷考试的科目,学生除必要的文具外,不准携带与考试有关的书籍、资料、笔记本、自带的草稿纸、纸条,及各种通讯设备(如手机等)和具有储存记忆功能的电子工具等进入考场。已经带入考场的,应按监考人员指定的位置存放,并将手机关机。开卷考试科目,考生可携带与该考试科目有关的书籍、资料、笔记本进入考场,但必须自己独立完成答卷。

3. 学生迟到30分钟者不再允许进入考场,考试开始30分钟后,才允许交卷退出考场。已经交卷出场的学生,不得以任何理由返回考场,不得在考场附近逗留、谈笑、喧哗等。

4. 考生领到试卷(答题卡)后,应清点试卷(答题卡)是否齐全,检查试卷有无破损、漏印、重印或错印等情况,若发现试卷差错应举手向监考人员报告并请求换卷。

5. 学生在答卷前,必须把姓名、学号、所属学习中心等项目填写在试卷密封线内指定的位置,答题卡涂写时要准确、工整、清楚。凡上述各项涂改或字迹无法辨认的试卷(答题卡),以及在试卷密封线外填写学号、姓名或做其他标记的试卷一律作废。

6. 学生答题一律用蓝、黑色钢笔或圆珠笔书写,字迹要工整、清楚。使用答题卡填涂时,一定要用2B铅笔并按要求填涂。

7. 学生不得询问试题题意,若发现试题字迹模糊或试题有误,可举手向监考老师询问,不得擅自询问其他考生,更不得向监考人员询问与试题内容有关的问题。

8. 考生在考场内必须服从监考人员的监督和管理,必须保持考场安静,不准交头接耳、左顾右盼、传递物品、打手势、做暗号、偷看、抄袭他人答题卡或有意让他人抄袭;不准使用通讯设备接受或传递考试信息;不准夹带、冒名或换卷;不准吸烟。

9. 考试终了时间一到,考生立即停止答卷,将试卷按顺序整理放在桌上,待监考人员收齐无误后方可离开考场;严禁考生将答卷、答题卡和考场统一发放的草稿纸带出考场。

二、考生若违反考场纪律,考试中有下列行为之一者,按违纪论处,由监考教师或督考人员记入《考场记录单》,立即在学习中心通报,并取消本次考试成绩,如是本科层次,同时取消其申请学位的资格。再犯者勒令其退学。

1. 将与本次考试有关的书籍、笔记、作业或写有与本次考试内容有关的纸张放置在本座位的课桌内或附近的座位上，无论看与否均按作弊论处。

2. 未携带有效证件参考，且无法鉴别其身份。

3. 开考 30 分钟后，不听监考人员劝阻强行进入考场；或开考不到 30 分钟，不听劝阻强行退场。

4. 不服从监考人员管理，强行调换座位或未在指定的座位就考。

5. 将试卷、答题卡或统一发放的草稿纸带出考场。

6. 不听从监考人员告诫，屡次交头接耳、左顾右盼。

7. 不服从监考人员的监督管理与之争吵。

8. 考试中传递各种纸条或试卷者。

9. 考试中与别人说话或做手势者。

10. 考试中窥看他人卷面，或为窥看者提供方便者。

11. 抄袭别人答卷或为他人抄袭提供方便者。

12. 代替别人答卷或让他人代自己答卷者。

13. 使用通讯设备接收或传递考试信息。

14. 偷看夹带与考试内容有关的文字材料。

15. 偷看事先写在身体某些部位、文具或其他物品上与考试内容有关的文字、公式等。

16. 考试时间终止后，不听监考人员告诫，继续答卷。

17. 有意带走或撕毁试卷。

18. 以借上厕所之名进行作弊。

19. 阅卷中发现并经查证确认全考场答案有 1/3 以上雷同的。

20. 运用其他方式作弊者。

三、考生有下列情况之一者，给以勒令退学的处分，情节严重者开除学籍。

1. 伪造、涂改有效证件，由他人代考或者替他人考试。

2. 在考试过程中，无理取闹，严重扰乱考场秩序，态度恶劣，对监考、巡考进行人身攻击者。

3. 向有关人员实行贿赂，辱骂、威胁、殴打监考人员或其他考生。

4. 在一年内，累计二次（含二次）以上作弊者。

5. 在考前，采用不正当手段获得试卷及答案或试卷中有关考试内容。

6. 勒令退学的学生可发给学习证明；被开除学籍的学生，不发给任何证明。

四、对舞弊和不服从监考人员指导，扰乱考场秩序、恐吓、威胁干扰监考人员履行职责者，视其情节轻重，可给予批评教育或试卷作废，直到给予纪律处分取消考试资格，情节严重者将其移交公安机关依法追究其责任，并通知其所在单位。

北京大学医学网络教育学院档案管理办法

　　为加强学院、公司档案管理工作,有效地保护和利用档案,维护公司合法权益,特制定本管理办法。

第一条　　档案管理原则

  1. 本管理办法所指的档案是指过去和现在,学院、公司各级部门及员工从事业务、经营、企业管理、公关宣传等活动所直接形成的对企业有保存价值的各种文字、图表、账册、凭证、报表、技术资料、声像资料、多媒体教材、胶卷、荣誉实物、证件等不同形式的历史记录。

  2. 学院、公司各部门及员工有保护档案的义务,公司档案任何人不得据为己有。

  3. 档案工作实行统一领导,分系统保管的原则。

第二条　　档案管理部门及职责

  1. 档案工作由学院行政副院长、公司行政总监统一领导,学院办公室归口管理。学院办公室负责档案的接收、收集、整理、立卷、保管,并在每年年初敦促各部门对上年的档案进行整理。

  2. 学院办公室应逐步完善档案管理制度,确保档案安全和方便使用,采用科学手段,逐步实现档案管理现代化。

第三条　　档案类别

（一）文书档案类

  1. 上级下发的有关文件和与学院/公司有关的批转文件。

  2. 学院/公司在工作中形成的各种文件、经验材料及图像、录像、录音、光盘材料等。

  3. 学院/公司机构设置、人事资料等。

  4. 学院/公司在外事活动中形成的各种材料及宣传资料。

  5. 学院/公司在管理工作中所形成的各种规章制度、工作规划。

  6. 在市场、营销工作中,所形成的各类市场信息或资料。

（二）人事档案类

  1. 学生档案。

  2. 教师档案。

  3. 客户档案。

  4. 合作伙伴档案。

  5. 员工档案。

（三）财务档案类

    1. 学院/公司各种记账凭证、现金出纳、银行存款帐、总账、明细分类表、员工工资表、各类补助花名册等。

    2. 本单位预决算、会计移交注册等。

（四）教学档案类

    1. 教学过程、教学研究、教学改革中形成的计划、方案、调查报告、典型材料。

    2. 教学实施过程中形成的教学计划、教学大纲、教学实施方案等资料。

    3. 学院自己编制的多媒体教材、视频教材及纸制教材。

    4. 学院质量管理工作中所形成的各种教学质量分析材料、内外审材料、培训材料等。

    5. 各期学生学籍登记表、毕业生基本情况统计表。

    6. 教学中心开发、建设与评估等过程中所形成的各种材料。

    7. 待建立的教学业务档案。

（五）技术档案类

    1. 学院在研发各类软件产品过程中所形成的调查报告、数据、计划、方案等各种材料。

    2. 在各类项目开发过程中所形成的程序原代码。

    3. 购置的各种办公软件及相关资料。

    4. 在各项业务工作中所形成的程序模版。

    5. 网页设计资料。

（六）资产档案类

    1. 学院/公司各种办公设备、电教设备、贵重仪器等固定资产的账目。

    2. 学院/公司各种贵重仪器、设备的说明书及安装、调试报告。

    3. 学院/公司办公区的建筑设计、装修施工图纸、工程造价预算等文字材料。

第四条　　档案的立卷

    按归档范围立卷，区分不同档案价值，确定保管期限（永久、长期、短期）。

第五条　　档案的保管

    1. 属于公司保管的档案，公司的各部门平时应做好文件的预立卷工作，并在事件结束后或在每年年初将前一年需归档的预立卷文件整理成册保管。

    2. 属部门保管的档案，在每年年初将前一年的档案总目录上报学院办公室。

第六条　　监督：学院办公室根据各部门上报的档案总目录进行定期或不定期的检查，来监督各部门档案的管理工作。

第七条　　档案的销毁：须报总经理批准，销毁时应有两人以上负责监销，并在清单上签字。

第八条　　公司档案的分类及编号：指定档案管理员按有关档案分类及编号要求操作。

第九条　　在业务中对外签署的各种经济合同按《合同管理办法》处理。
第十条　　借阅：因工作需要需借阅档案的，应填好"档案查阅单"，员工不得随意外带有关公司重要的文件材料，确因工作需要外带，需办理档案外借手续，经学院办公室核准后，方可带出，用毕即归还。阅档人对所借阅档案必须妥善保管，不得私自复制、调换、涂改、污损、画线等，更不能随意乱放，以免遗失。
第十一条　公司所有有价值的文件、报表、业务记录等必须备份。
第十二条　奖惩处理

对于在档案管理工作中，做出突出贡献者，给予一定的物质奖励或精神奖励；

有下列行为之一，据情节轻重，给予 50～500 元扣薪处理或除名：

1. 毁损、丢失或擅自销毁企业档案。
2. 擅自向外界提供、抄摘企业档案。
3. 涂改、伪造档案。
4. 未及时上报归档或管理不善的档案管理者。
5. 未按手续就借阅、外带者。

第十三条　本办法的解释权归北京大学医学网络教育学院办公室。
第十四条　本办法自下发之日起实施。

北京大学医学网络教育学院
校外学习中心质量管理体系实施考评细则

为保证北京大学医学网络教育校外学习中心（以下简称学习中心）质量管理体系的有效实施，依据教育部办公厅《教育部关于现代远程教育校外学习中心（点）建设和管理的原则意见（试行）》（教高厅〔2002〕1号）和《现代远程教育校外学习中心（点）暂行管理办法》（教高厅〔2003〕2号），结合学习中心实际，特制定本考评细则。

一、考评组织

北京大学医学网络教育学院（以下简称北医网院）成立由管理者代表为组长，学习支持中心等相关部门负责人为成员的考评组负责学习中心质量管理体系实施考评工作的实施。

二、考评时限

为顺应教学规律，北医网院对学习中心质量管理体系实施学年度考评，即自当年9月1日至次年8月30日为一个考评年度。

三、考评依据

学习中心质量管理体系考评以学院相关管理制度、学习中心管理制度、工作流程和学习中心工作情况为考评依据实施考评。

四、考评结果及应用

（一）考评结果

考评结果分优秀、良好、合格和不合格四等：90~100分为优秀；80~89分为良好；60~79分为合格；60分以下为不合格。招生或考试发生严重违规，造成不良后果者本学年度考核为不合格。

（二）结果应用

北医网院根据考评结果，按得分从高到低排名，对考评结果在良好及以上的前10名学习中心进行奖励。奖励形式分为团体奖和优秀个人奖，奖励种类有参加学院组织的出国考察培训、国内参观学习、现金奖励、物质奖励等。奖励金额视北医网院当年的教学运营情况而定。

对于考评不合格的学习中心，北医网院将视情况进行处理，处理措施包括书面批评、警告、暂停招生资格和终止合作。

五、考评标准

北京大学医学网络教育校外学习中心质量管理体系实施考评标准

序号	一级指标	分值	考评依据	二级指标	分值	评分标准	考评方式	考评时间
1	质量目标	200	学院质量目标 中心贯标目标	中心贯标培训率100%	20	每减少1%扣2分#	查阅培训记录	学年度末
				中心贯标业务率100%	40	每减少1%扣4分#	查阅各流程记录	
				中心贯标合格率≥90%	60	每减少1%扣3分，每增加1%加3分	依据各项业务总平均分	
				学生综合满意度≥75	60	每减少1%扣5分，每增加1%加5分	依据学院测评数据	
				学生投评处置率100%	20	每减少1%扣2分#	查阅记录	
2	组织管理	100	组织管理制度	岗位配置齐备	40	每少1岗位扣10分	查阅岗位配置备案记录	学年度末
				岗位职责明确	30	职责不明确扣1~5分/项	查阅岗位配置文件	
				岗位聘任规范	10	无聘任方案扣5分，不符合聘任条件2分/项	查阅聘任方案及人员资质	
				岗位考核规范	20	无岗位考核不得分，岗位考核要求每项扣2分	查阅岗位考核表	
3	培训管理	100	培训管理制度	实施首岗培训	30	未实施每例减15分#	查阅首岗培训记录	学年度末
				实施常规培训	20	未实施每次减10分#	查阅常规培训记录	
				实施履新培训	10	未实施每次减5分#	查阅履新培训记录	
				实施新规培训	10	未实施每次减5分#	查阅新规培训记录	
				积极参加学院培训及会议	30	未按要求参加减10分/人/次#	查阅学院培训报到记录	
4	安全管理	200	安全管理制度	安全制度健全	40	考试或大型活动无安全预案者扣20分	查阅学院安全培训制度	1月 4月 7月
				适时开展安全培训	20	考试或大型活动前无安全培训扣10分/次	查阅安全培训记录	
				实施安全告知制度	10	未实施扣2分/次	查看现场	
				实施安全防范制度	10	发现一处不合格扣1分	查阅记录	
				设施设备使用安全	70	发现一处不合格扣10分	查阅记录	
				实施安全检查制度	30	未实施扣10分/次	查阅记录	
				实施安全巡视制度	20	未实施扣10分/次	查阅记录，查看现场	

序号	一级指标	分值	考评依据	二级指标	分值	评分标准	考评方式	考评时间
5	招生管理	200	招生工作管理办法	无违规招生	50	发现委托中介、跨地域等违规招生*	考核部门提供依据	
				自制版招生宣传材料规范	30	未按时申报招生内容或内容不符合要求扣10分/项*	考核部门提供依据	
			招生工作流程	招生培训	10	未实施扣5分/批次	查阅记录	3月 9月
				入学资格审核准时无误	30	上报前未审核扣5分/次，审核证书有误扣10分/例*	考核部门提供依据	
				新生网上信息核对无误	30	提交后错误3分/项	考核部门提供依据	
				移交新生材料准时无误	50	未按时扣20分/次，材料有误扣5分/项	考核部门提供依据	
6	新生培训	100	新生培训工作流程	提交参培训资料准时无误	50	未按时扣20分/次，材料有误扣5分/项	考核部门提供依据	3月 9月
				新生参培率100%	50	未达到者每1%扣5分	查阅培训记录	
7	选课管理	100	选课管理规定 选课督导流程	按时提交全部未选课者记录	30	未按时扣15分/次，未掌握未选课原因扣5分/门	考核部门提供依据	2月 9月
				学生选课无漏项，无错选	70	漏项、错选10分/次	考核部门提供依据	
8	教材管理	100	学生学习材料管理规定 教材管理流程	学习材料发放规范	50	未履行签领手续扣5分/人。错发10分/次	考核部门提供依据	
				按时返回各种验收记录	30	未按时返回验收记录扣5分/次	查阅记录	
				提供订购信息准时、无误	20	未按时提供10分/次，信息有误10分/次	考核部门提供依据	
9	督学管理	200	督学工作流程	按时提交未完成作业/实验记录	50	未按时扣15分/次，未掌握未完成原因扣5分/门	考核部门提供依据	
				作业/实验提交率≥98%	90	>98%每1%减5分，>98%每1%加10分	考核部门提供依据	
				提交实验成绩准时无误	30	未按时扣15分/次，成绩有误扣5分/项	考核部门提供依据	
				按时提交规范实验报告	30	未按时扣15分/次，实验报告成绩不符或虚假成绩与上传平台实验报告扣10分/例	考核部门提供依据	
10	毕业实习管理	100	毕业实习管理流程	按时提交毕业实习相关材料	30	未按时扣15分/次	考核部门提供依据	学年度末
				毕业实习材料完整无误	40	不符合者5分/项	考核部门提供依据	
				毕业实习成绩提交按时无误	30	未按时扣15分/次，不准确5分/项	考核部门提供依据	

序号	一级指标	分值	考评依据	二级指标	分值	评分标准	考评方式	考评时间
11	考务管理	300	考务管理规定	按时组织学生完成考约	50	出现补约考扣10分/门	考核部门提供依据	
				按时完成并发布考务安排	30	未按时扣15分/次	考核部门提供依据	1月 4月 7月
				试卷保管规范	30	不符合扣10分/项,严重违规(泄题)*	学院督考提供依据	
				考务培训规范	20	未培训本项不得分#	学院督考提供依据	
			学院考试工作流程	考场布置规范	30	不符合扣5分/项	学院督考提供依据	
				考务人员履职规范	60	发现违规者10分/项	学院督考提供依据	
				考试资料回收按时准确完整	50	未按时扣15分/项,有误者10分/项	考核部门提供依据	
				按时组织学生查询复核成绩	20	超过规定时间要求查询与复查扣分	考核部门提供依据	
				试卷销毁规范	10	不规范5分/项	查阅记录	
12	政府考试	100	政府考试组织工作流程	提交免考资料按时准确	30	未按时扣15分/次,有误者5分/项	考核部门提供依据	学年度末
				交报名信息及费用按时准确	50	未按时扣15分/次,有误者5分/项	考核部门提供依据	
				订购发放考试材料按时准确	20	未按时扣10分/次,有误者5分/项	考核部门提供依据	
13	学籍管理	100	学籍异动流程	学籍异动材料提交按时准确	50	未按时扣15分/次,有误者5分/项	考核部门提供依据	学年度末
			转在籍转在籍流程	转在籍材料提交按时准确	50	未按时扣15分/次,有误者5分/项,遗漏者本项不得分	考核部门提供依据	
14	毕业学位管理	100	毕业和学位管理流程	毕业及学位材料提交按时准确	50	未按时扣15分/次,有误者5分/项#	考核部门提供依据	学年度末
				网上申报信息按时准确	30	未按时扣15分/次,有误者5分/项#,平台关闭后改意愿者扣10分/例#	考核部门提供依据	
				毕业档案领发规范无误	20	不规范或有误扣5分/项,档案丢失本项不得分。	考核部门提供依据 查阅记录	
15	突出业绩					管理有特色在北医网院进行交流加50分/次	学院提供	学年度末
						获得北医网院以上表彰者加100分/次	证书复印件及表彰文件	
						优质服务获得学生表扬加10分/次	表扬信或锦旗等	

工作流程篇

校外学习中心常规工作流程

目的：明确校外学习中心年度常规工作内容、职责、标准和要求，实现常规工作科学化、规范化、标准化。

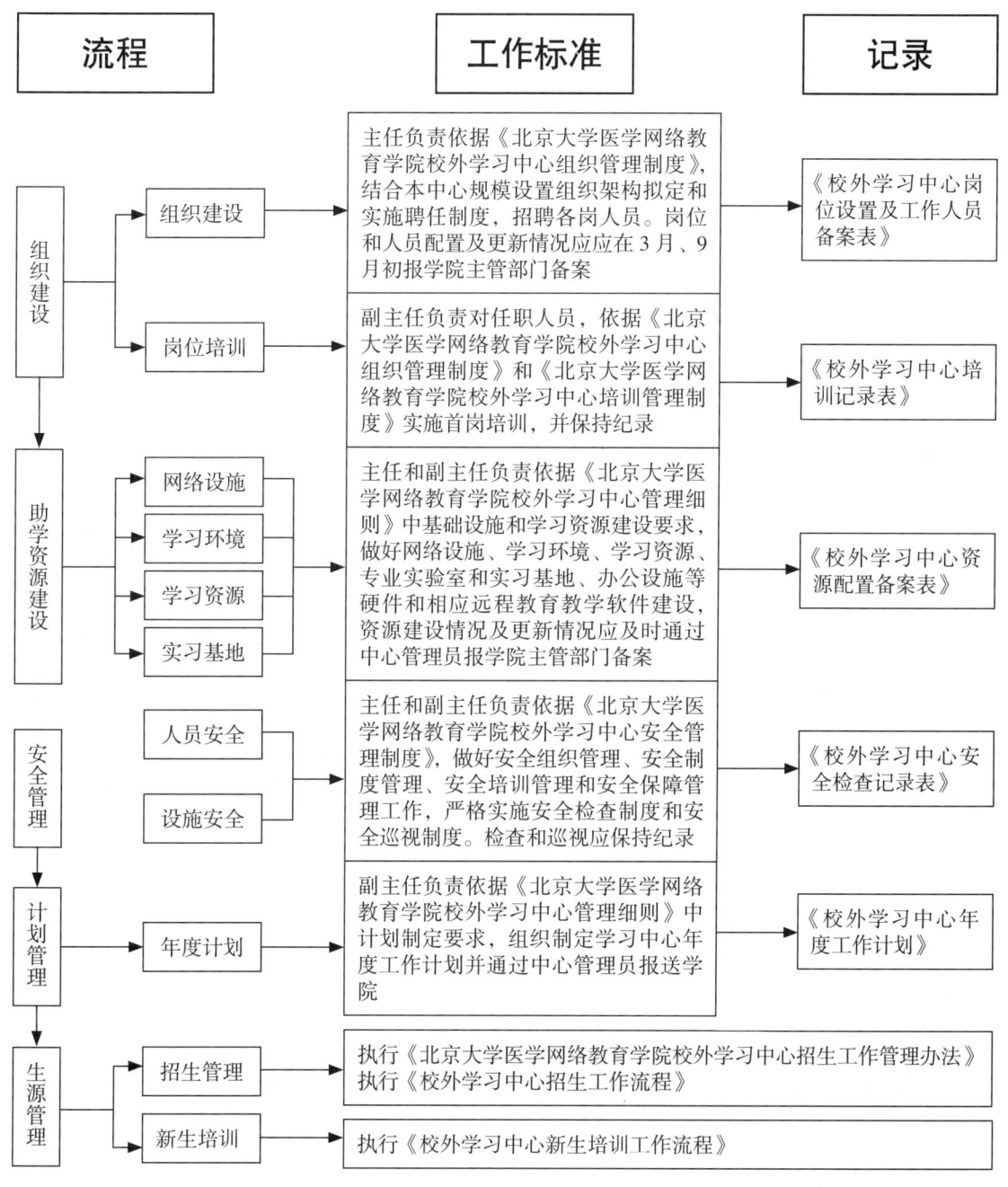

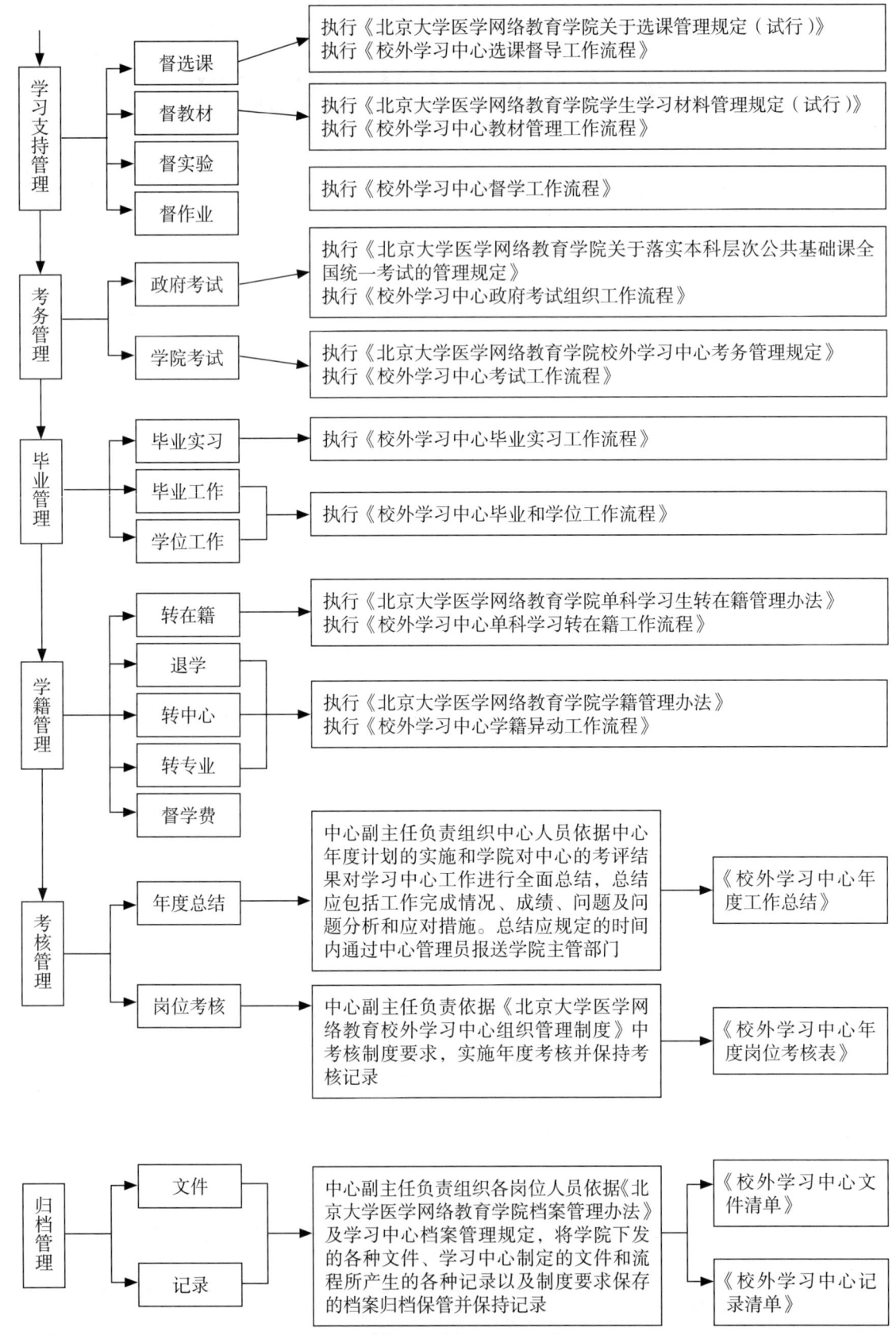

校外学习中心岗位设置及工作人员备案表

编号：ZX/CGGZ-001

学习中心： 　　　　　学习中心依托建设单位：

序号	岗位名称	姓名	性别	政治面貌	依托单位任职	学历	联系方式			
							办公电话	手机	电子邮箱	QQ号
1	主任									
2	副主任									
3	招生管理									
4	学生服务									
5	教学管理									
6	技术保障									
7	辅导员									
8	辅导教师									

校外学习中心培训记录表

学习中心：　　　　　　　　　　　　　　　　　　　　　编号：ZX/CGGZ-002

培训日期及时间	201 年 月 日	培训地点	
培训负责人		参训人员	
培训主题			
培训类型	□首岗　　□常规　　□履新　　□新规　　□其他		
培训形式	□会议　　□网上　　□单独讲授　　□其他		
培训内容			
培训考核	考核形式： 考核内容： 不合格人员：		
请假人员			
补课记录	补课时间： 补课负责人： 参加补课人员： 考核不合格人员：		

记录人：

校外学习中心教学场所与网络资源配置备案表

学习中心：　　　　　　　　　　　　　　　　　　　　　　　　　　　　　　编号：ZX/CGGZ-003

教学楼总面积	m²	教室数	个	教室容纳总人数	个
多媒体教室数量	个	图书馆总面积	m²	藏书量	册
专业实验室	个	实习基地	个	办公室总面积	m²
微机室	间	现有计算机数量	台	网络专用服务器	台
多媒体教室主要设备配置					
局域网网络连接情况	接入中国电信（CHINANET）		接入教育科研网（CERNET）		接入DDN专线		接入ISDN专线	
	□是 □否		□是 □否		□是 □否		□是 □否	
	接入带宽　　兆		接入带宽　　兆		接入带宽　　兆		接入带宽　　兆	

校外学习中心安全检查记录表

编号：ZX/CGGZ-004

学习中心：

序号	检查内容	检查时间	检查人员	检查情况	存在问题及整改措施	完成时间	整改验证	验证人员
1	学院考试及大规模活动是否有安全责任人	201 年 月 日		□是 □否	问题： 措施：	201 年 月 日	□合 格 □不合格	
2	学院考试及大规模活动是否有应急预案	201 年 月 日		□是 □否	问题： 措施：	201 年 月 日	□合 格 □不合格	
3	岗前及学院考试及大规模活动是否实施人员培训	201 年 月 日		□是 □否	问题： 措施：	201 年 月 日	□合 格 □不合格	
4	学院考试及大规模活动是否向学生履行告知义务	201 年 月 日		□是 □否	问题： 措施：	201 年 月 日	□合 格 □不合格	
5	教学场所疏散通道等各种安全标识和防滑警示标识是否清晰	201 年 月 日		□是 □否	问题： 措施：	201 年 月 日	□合 格 □不合格	
6	机动车停车场及人员出入处是否有专人疏导	201 年 月 日		□是 □否	问题： 措施：	201 年 月 日	□合 格 □不合格	
7	教学场所疏散通道是否通畅	201 年 月 日		□是 □否	问题： 措施：	201 年 月 日	□合 格 □不合格	
8	教学场所是否满足防火、防水、防雷、防盗要求	201 年 月 日		□是 □否	问题： 措施：	201 年 月 日	□合 格 □不合格	
9	消防器材在场所使用期间是否能有效使用	201 年 月 日		□是 □否	问题： 措施：	201 年 月 日	□合 格 □不合格	
10	校舍监控系统在使用期间是否能有效工作	201 年 月 日		□是 □否	问题： 措施：	201 年 月 日	□合 格 □不合格	
11	教学场所在使用期间是否有专人负责保障用电及设备安全	201 年 月 日		□是 □否	问题： 措施：	201 年 月 日	□合 格 □不合格	
12	教学场所在使用期间是否有专人每日清扫	201 年 月 日		□是 □否	问题： 措施：	201 年 月 日	□合 格 □不合格	

校外学习中心年度岗位考核表

学习中心：　　　　　考核年度：　　　　　编号：ZX/CGGZ-005

姓名		岗位名称	
考核情况	考核标准		考核
	1.实现岗位目标 （1） （2）		达标情况 □达标　□未达标 □达标　□未达标
	2.严格执行所辖岗位各项制度		□是　□否 问题：
	3.流程执行准确无误		□是　□否 差错　次
	4.按时完成任务		□是　□否 问题：
	5.按时参加学习中心培训		应参加　次 实参加　次
	6.按时参加学习中心会议		应参加　次 实参加　次
	7.严格履职无违纪		□是　□否 问题：
	8.完成领导交办临时任务		□是　□否 问题：
	其他：		
突出业绩	时间：　　　主要事迹：		
不合格 服务记录	时间：　　　不合格项目：		
考核结论	□优秀　　□称职　　□不称职 　　　　考核人：　　　　　年　　月　　日		

校外学习中心文件清单

学习中心：　　　　　　　　　　　　　　　　　　　　编号：ZX/CGGZ-006

序号	文件名称	发文单位	文件编号	生效日期	批准人

制表人：

校外学习中心记录清单

学习中心：　　　　　　　　　　　　　　　　　　　　　　　编号：ZX/CGGZ-007

序号	记录编号	记录名称	相关文件	保存期限

制表人：

校外学习中心招生工作流程

目的：明确校外学习中心招生工作内容、职责、标准和要求，确保信息的准确性、工作的合规性和操作的规范性。

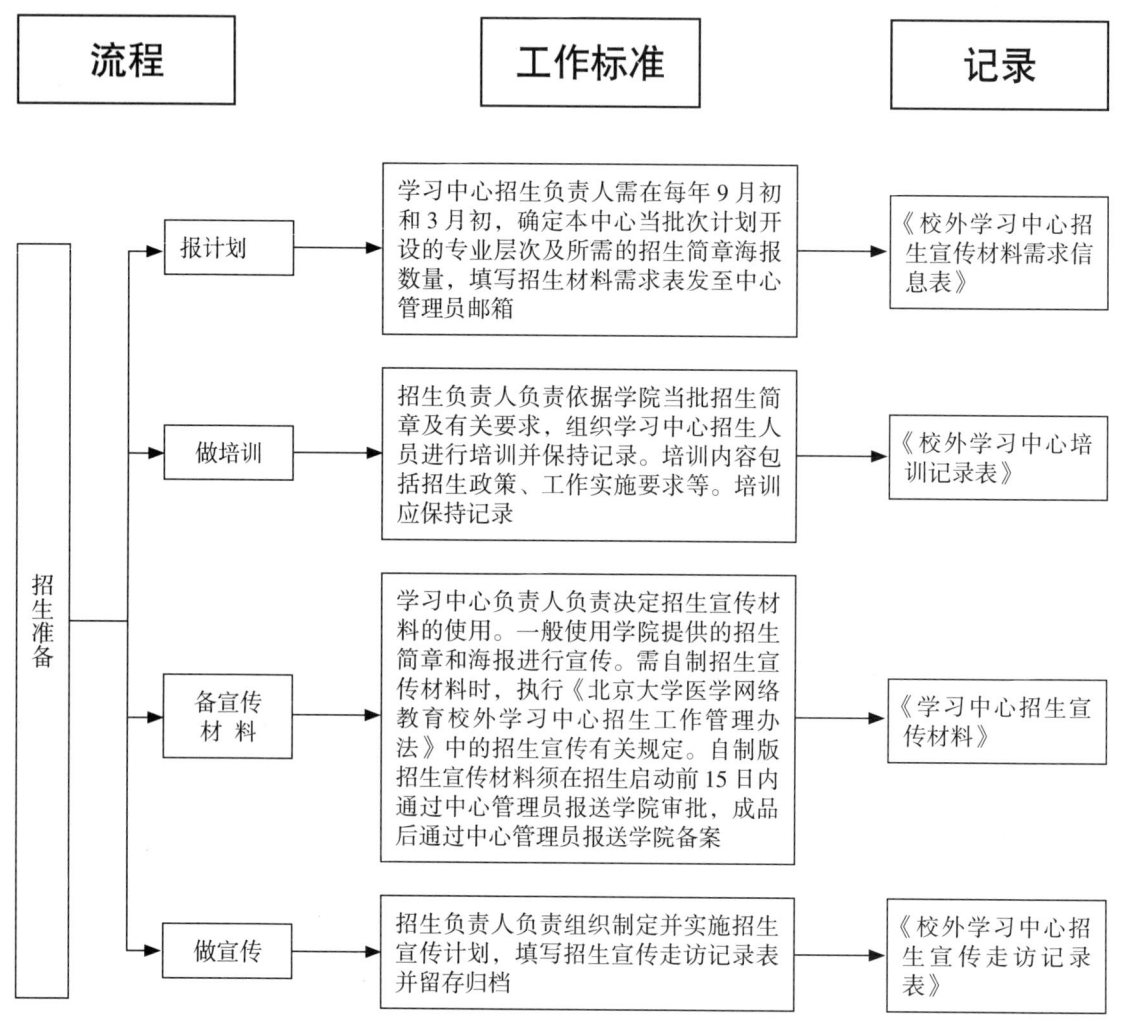

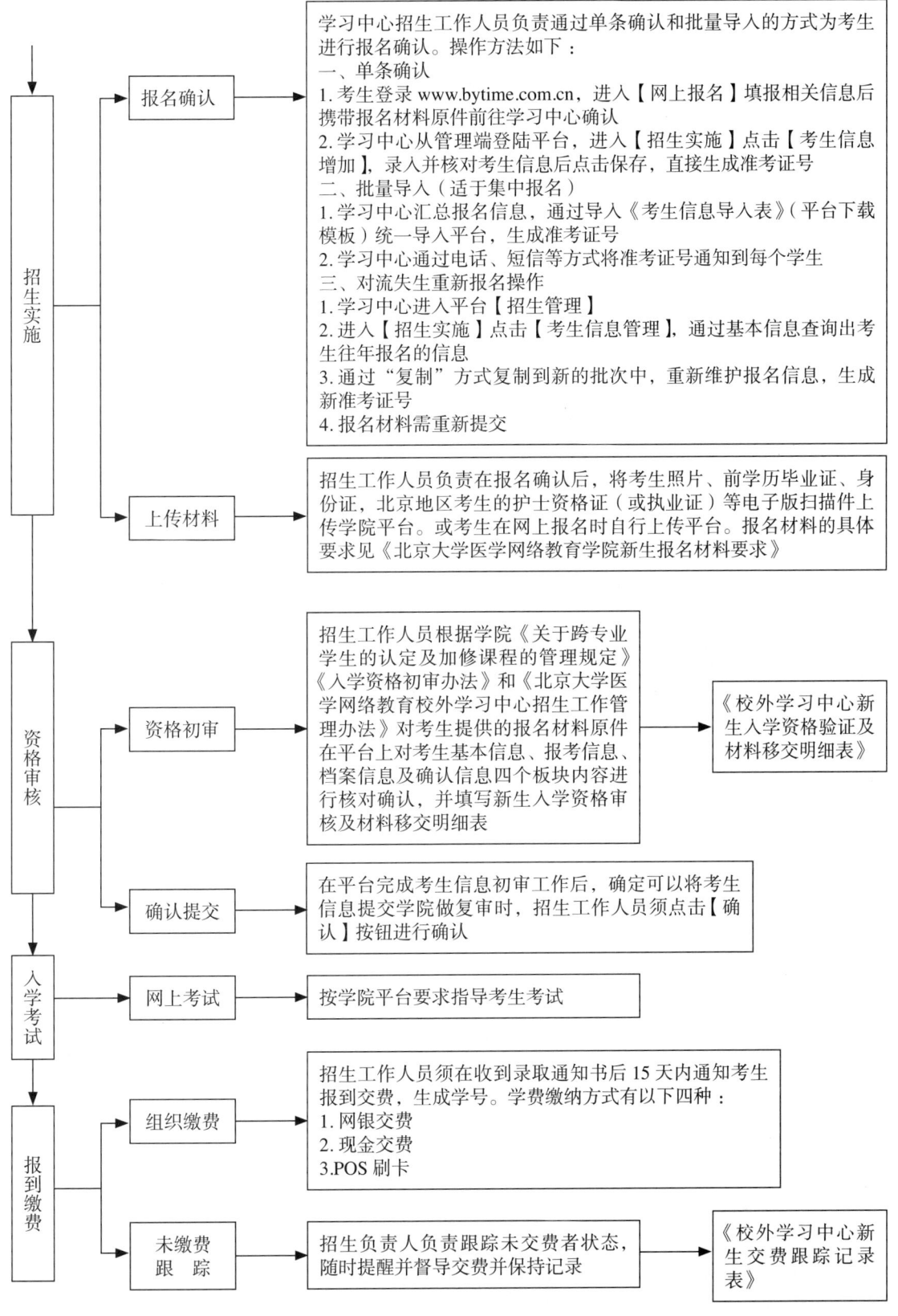

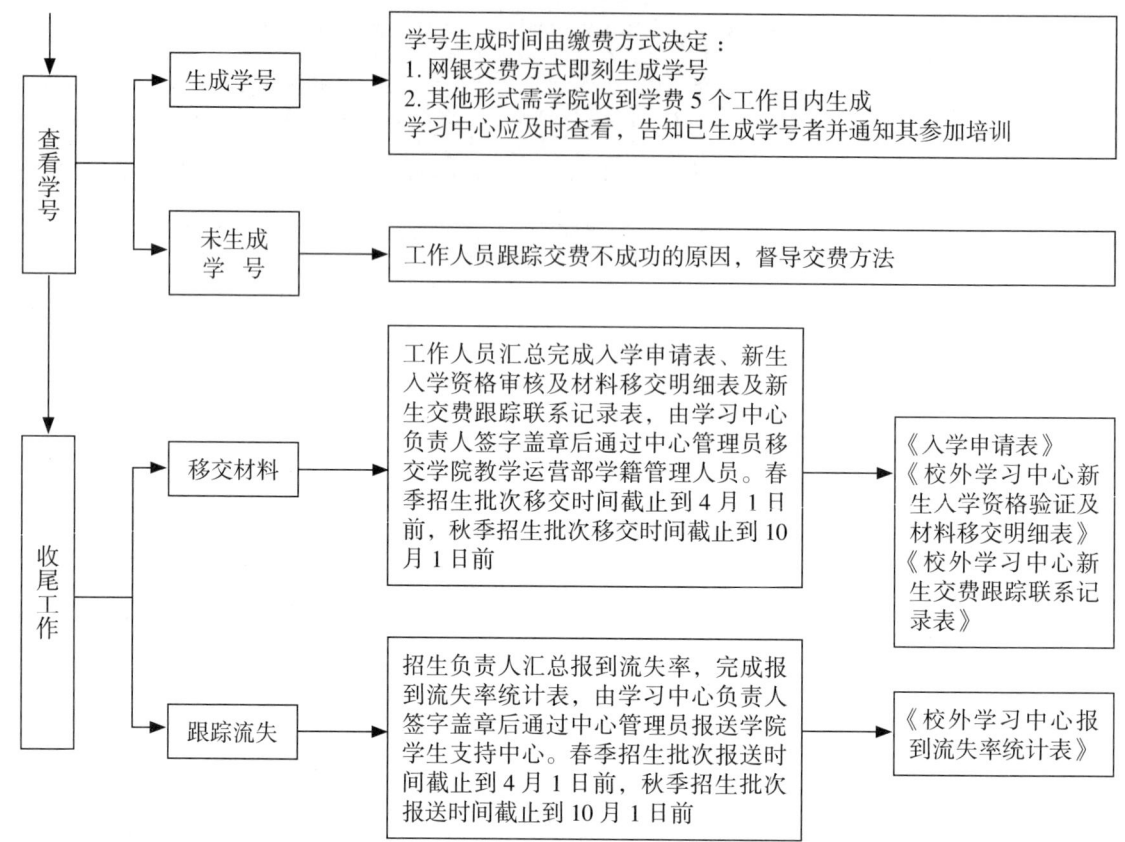

校外学习中心招生宣传材料需求信息表

学习中心：（盖章） 　　　　　　　　　　　　　　　　　　　编号：ZX/ZSRX-001

招生批次		联系人姓名		联系电话	
单位名称					
通讯地址				邮政编码	
开设专业及层次	护　理　学：　□专科　　□专升本 药　　　学：　□专科　　□专升本 应用心理学：　□专升本 公共事业管理：□专升本 医学信息管理：□专科　　□专升本				
简章数量			海报数量		
要求送达日期					

制表人：　　　　　　　　　　　日期：

校外学习中心培训记录表

学习中心：　　　　　　　　　　　　　　　　　　　　编号：ZX/CGGZ-002

培训日期及时间	201 年　　月　　日 时　分至　时　分	培训地点	
培训负责人		参训人员	
培训主题			
培训类型	□首岗　□常规　□履新　□新规　□其他		
培训形式	□会议　□网上　□单独讲授　□其他		
培训内容			
培训考核	考核形式： 考核内容： 不合格人员：		
请假人员			
补课记录			

记录人：

校外学习中心招生宣传走访记录表

学习中心：（盖章） 编号：ZX/ZSRX-002

序号	走访单位	走访科室	情况描述	走访日期	记录人	备注
1			宣传形式：□集中 □个别 □其他 走访人数：			
2			宣传形式：□集中 □个别 □其他 走访人数：			
3			宣传形式：□集中 □个别 □其他 走访人数：			
4			宣传形式：□集中 □个别 □其他 走访人数：			
5			宣传形式：□集中 □个别 □其他 走访人数：			
6			宣传形式：□集中 □个别 □其他 走访人数：			
7			宣传形式：□集中 □个别 □其他 走访人数：			
8			宣传形式：□集中 □个别 □其他 走访人数：			
9			宣传形式：□集中 □个别 □其他 走访人数：			
10			宣传形式：□集中 □个别 □其他 走访人数：			
11			宣传形式：□集中 □个别 □其他 走访人数：			
12			宣传形式：□集中 □个别 □其他 走访人数：			
13			宣传形式：□集中 □个别 □其他 走访人数：			

校外学习中心新生入学资格验证及材料移交明表

学习中心：　　　　　　　　（盖章）　　　　　招生批次：　　　　　　　年 春/秋 季　　　　　编号：ZX/ZSRX-003

序号	姓名	准考证号	报考专业	报考层次	入学申请表	课程进修申请书	是否单科学习	前置学历毕业学校	毕业证书编号	所学专业	是否本专业	前置学历是否合格	操作人签字
1					□有 □无	□有 □无	□是 □否				□是 □否	□是 □否	
2					□有 □无	□有 □无	□是 □否				□是 □否	□是 □否	
3					□有 □无	□有 □无	□是 □否				□是 □否	□是 □否	
4					□有 □无	□有 □无	□是 □否				□是 □否	□是 □否	
5					□有 □无	□有 □无	□是 □否				□是 □否	□是 □否	
6					□有 □无	□有 □无	□是 □否					□是 □否	
7					□有 □无	□有 □无	□是 □否				□是 □否	□是 □否	
8					□有 □无	□有 □无	□是 □否				□是 □否	□是 □否	
9					□有 □无	□有 □无	□是 □否				□是 □否	□是 □否	
10					□有 □无	□有 □无	□是 □否				□是 □否	□是 □否	
11					□有 □无	□有 □无	□是 □否				□是 □否	□是 □否	
12					□有 □无	□有 □无	□是 □否				□是 □否	□是 □否	
13					□有 □无	□有 □无	□是 □否				□是 □否	□是 □否	

学习中心负责人签字：　　　　　　　　　　　　　　　　　　　　　　　　　　　填表日期：

校外学习中心新生交费跟踪联系记录表

编号：ZX/ZSRX-004

学习中心：　　　　　　　　　　　　　　（盖章）

序号	准考证号	姓名	专业层次	联系内容	是否报到交费	未交费原因	联系日期	记录人	备注
1					□是 □否				
2					□是 □否				
3					□是 □否				
4					□是 □否				
5					□是 □否				
6					□是 □否				
7					□是 □否				
8					□是 □否				
9					□是 □否				
10					□是 □否				
11					□是 □否				
12					□是 □否				
13					□是 □否				
14					□是 □否				
15					□是 □否				

制表人：　　　　　　　　　　　　　　　制表日期：

入学申请表

准考证号：　　　　　　学号：　　　　　　编号：ZX/ZSRX-005

个人信息					
姓　名 （将用于您的学籍注册）		曾用名 （如果没有，此处忽略）			贴照片处 （1寸）
性　别		出生日期		证件类型	
民　族		政治面貌		证件号码	
详细通讯 地　址				邮政编码		电子邮箱	
工作单位				科　室		职　务	
手机号码		紧急联系人手机			QQ号	

报名信息	
报考专业		报考层次	专　科□　　专升本□
入学前最高学历 所学专业		入学前最高学历 毕业学校	
入学前最高学历证书编号（应届毕业生可不填）	
入学前最高学历 毕业层次	研究生□　　本　科□　　专　科□　　高　中□　　中　专□ 其　他□
入学前最高学历 毕业时间	年　月　日	入学方式（教师填写）	考试□　单考□　免试□
是否本专业（教师填写）	是□　　否□

本人申请参加北京大学医学网络教育学院专（本）科学习，保证所提供的所有材料是真实有效的，其中学历证书属于中华人民共和国国民教育系列认可（即国家承认学历）的毕业证书，且非伪造、变造、篡改或交易等之所得，保证填写或签名确认的入学申请表准确、真实。如果本人所提供的证书与上述情况不符者，无论何时，一经发现，本人愿承担由此引发的全部责任，包括：（1）被注销相应学籍并办理无条件退学；（2）已缴纳费用校方将不予返还；（3）自发现之日起，3年内不得向北京大学医学网络教育学院提出学习。

填表注意事项:
1. 请详细填报该报名表,填表人对所填内容的真实性负责;
2. 该表格将进入学生的档案,请用钢笔或签字笔正楷填写,字迹需清晰;
3. 选择性表格在"□"内打"☑"。

学生签名:_____(他人代签无效)

日　　期:_____　　　　　　审核教师(签字):_____

校外学习中心新生报到流失率统计表

学习中心：　　　　　　　（盖章）　　招生批次：　　　　　编号：ZX/ZSRX-006

录取人数		报到人数		流失人数			流失率	
序号	原因					人数	占总流失人数的比例	
1	学费高							
2	单位或当地卫生局不承认学历							
3	担心统考课程不能通过							
4	学习与工作时间冲突							
5	工作变动或改行							
6	参加其他成人教育							
7	保留入学资格以后再读							
8	其他原因 _____、_____、_____、_____							
合计								

注：流失率＝（1－报到人数/录取人数）×100%

制表人：　　　　　　　　　　　　　　　　　　日期：

校外学习中心新生培训工作流程

目的：明确校外学习中心新生培训工作内容、职责、标准和要求，确保新生培训工作目标的实现和操作的规范。

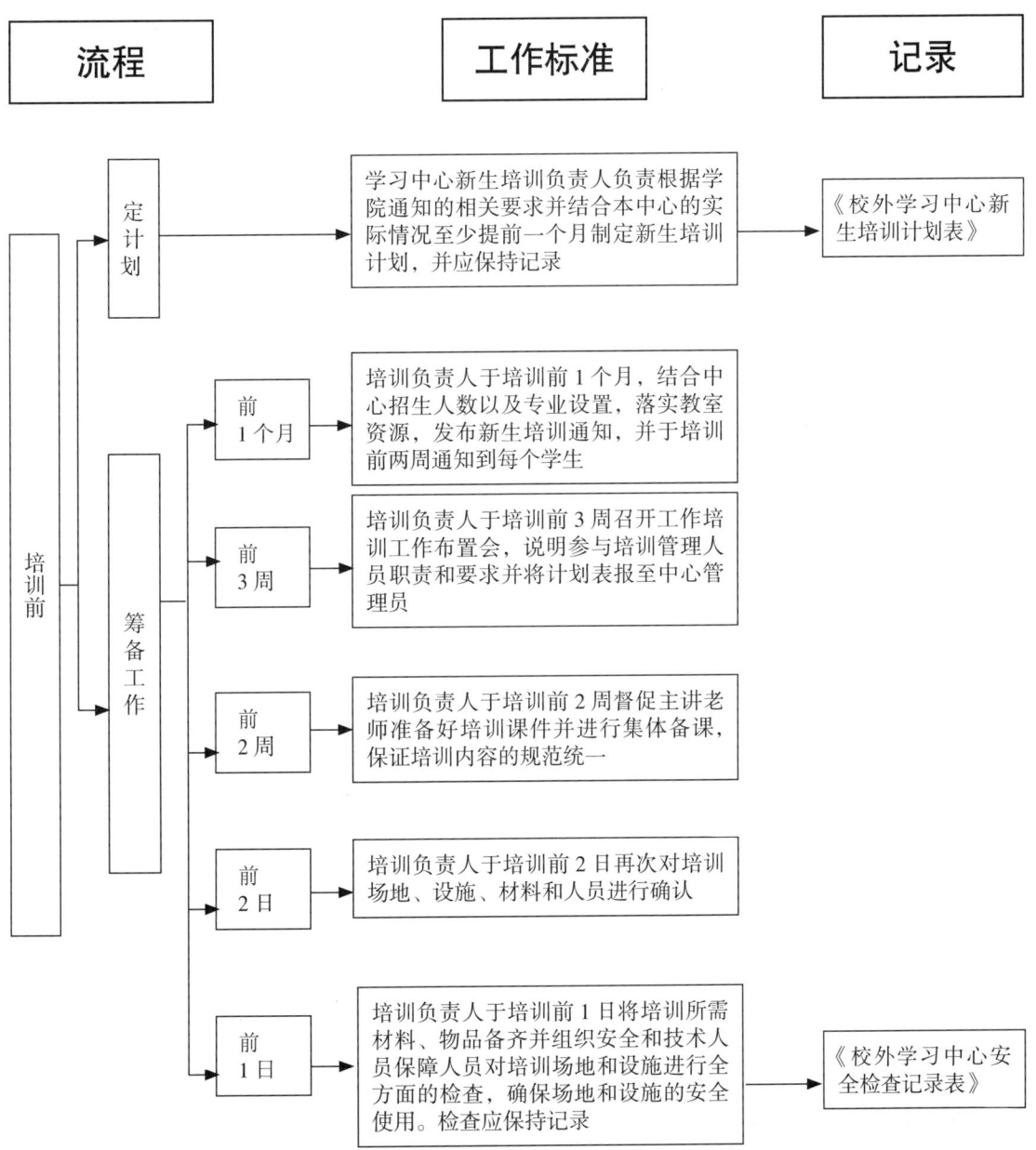

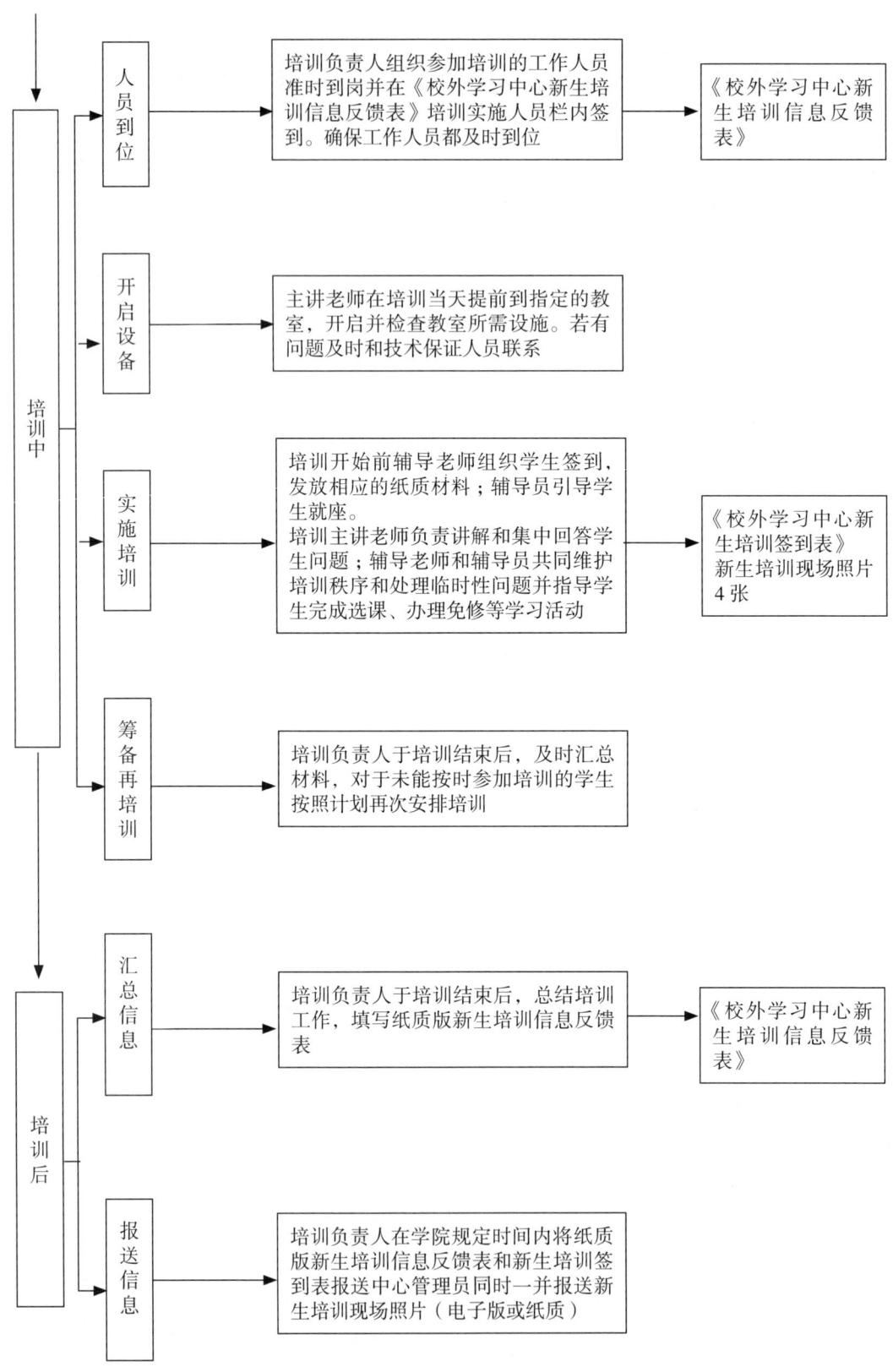

校外学习中心新生培训计划表

学习中心：　　　　　　　　（盖章）　　　　　　编号：ZX/XSPX-001

安排次数	日期			地点	人数
第一次	年	月	日		
第二次	年	月	日		
第三次	年	月	日		
培训实施人员	培训负责人：				
	主讲老师：				
	辅导老师：				
	辅导员：				
	安全保障人员：				
	技术保证人员：				
培训安排	时间		项目		主持人
主要培训内容	主要阐述培训内容主体框架				
拟对未参加培训新生的培训措施					

制表人：　　　　　　　日期：　　　　　　　中心负责人：

校外学习中心安全检查记录表

学习中心：　　　　　　　　　　　　　　　　　　　　　　　　　　　编号：ZX/CGGZ-004

序号	检查内容	检查时间	检查人员	检查情况	存在问题及整改措施	完成时间	整改验证	验证人员
1	学院考试及大规模活动是否有安全责任人			□是 □否	问题： 措施：	201 年 月 日	□合　格 □不合格	
2	学院考试及大规模活动是否有应急预案			□是 □否	问题： 措施：	201 年 月 日	□合　格 □不合格	
3	岗前及学院考试及大规模活动是否实施人员培训			□是 □否	问题： 措施：	201 年 月 日	□合　格 □不合格	
4	学院考试及大规模活动是否向学生履行告知义务			□是 □否	问题： 措施：	201 年 月 日	□合　格 □不合格	
5	教学场所疏散通道等各种安全标识和防滑警示标识是否清晰			□是 □否	问题： 措施：	201 年 月 日	□合　格 □不合格	
6	机动车停车场及人员出入处是否有专人疏导			□是 □否	问题： 措施：	201 年 月 日	□合　格 □不合格	
7	教学场所疏散通道是否通畅			□是 □否	问题： 措施：	201 年 月 日	□合　格 □不合格	
8	教学场所是否满足防火、防水、防雷、防盗要求			□是 □否	问题： 措施：	201 年 月 日	□合　格 □不合格	
9	消防器材在场所使用期间是否能有效使用			□是 □否	问题： 措施：	201 年 月 日	□合　格 □不合格	
10	校舍监控系统在使用期间是否能有效工作			□是 □否	问题： 措施：	201 年 月 日	□合　格 □不合格	
11	教学场所在使用期间是否有专人负责保障用电及设备安全			□是 □否	问题： 措施：	201 年 月 日	□合　格 □不合格	
12	教学场所在使用期间是否有专人每日清扫			□是 □否	问题： 措施：	201 年 月 日	□合　格 □不合格	

校外学习中心新生培训信息反馈表

学习中心：　　　　　　　　　　　　　　　　　　　　编号：ZX/XSPX-002

培训基本信息			
专业层次	应参加人数	实到人数	缺勤人数
培训教师签字			
培训总结	收获及经验，问题及应对措施：		

制表人：　　　　　　　　制表时间：　　　　　　学习中心负责人（签名）：

校外学习中心新生培训签到表

学习中心： 　　　　　　　　　　　　　　　　　　　编号：ZX/XSPX-003

序号	学号	姓名	签名	序号	学号	姓名	签名
1				21			
2				22			
3				23			
4				24			
5				25			
6				26			
7				27			
8				28			
9				29			
10				30			
11				31			
12				32			
13				33			
14				34			
15				35			
16				36			
17				37			
18				38			
19				39			
20				40			

　　　　　年　　月　　日　　　　　　　　　　　　　　第　　页（共　　页）

注：请按学号顺序打印（学号、姓名）后再进行签字

校外学习中心选课督导工作流程

目的：明确校外学习中心选课督导工作的内容、职责、标准和要求，确保校外中心选课督导管理工作操作规范。

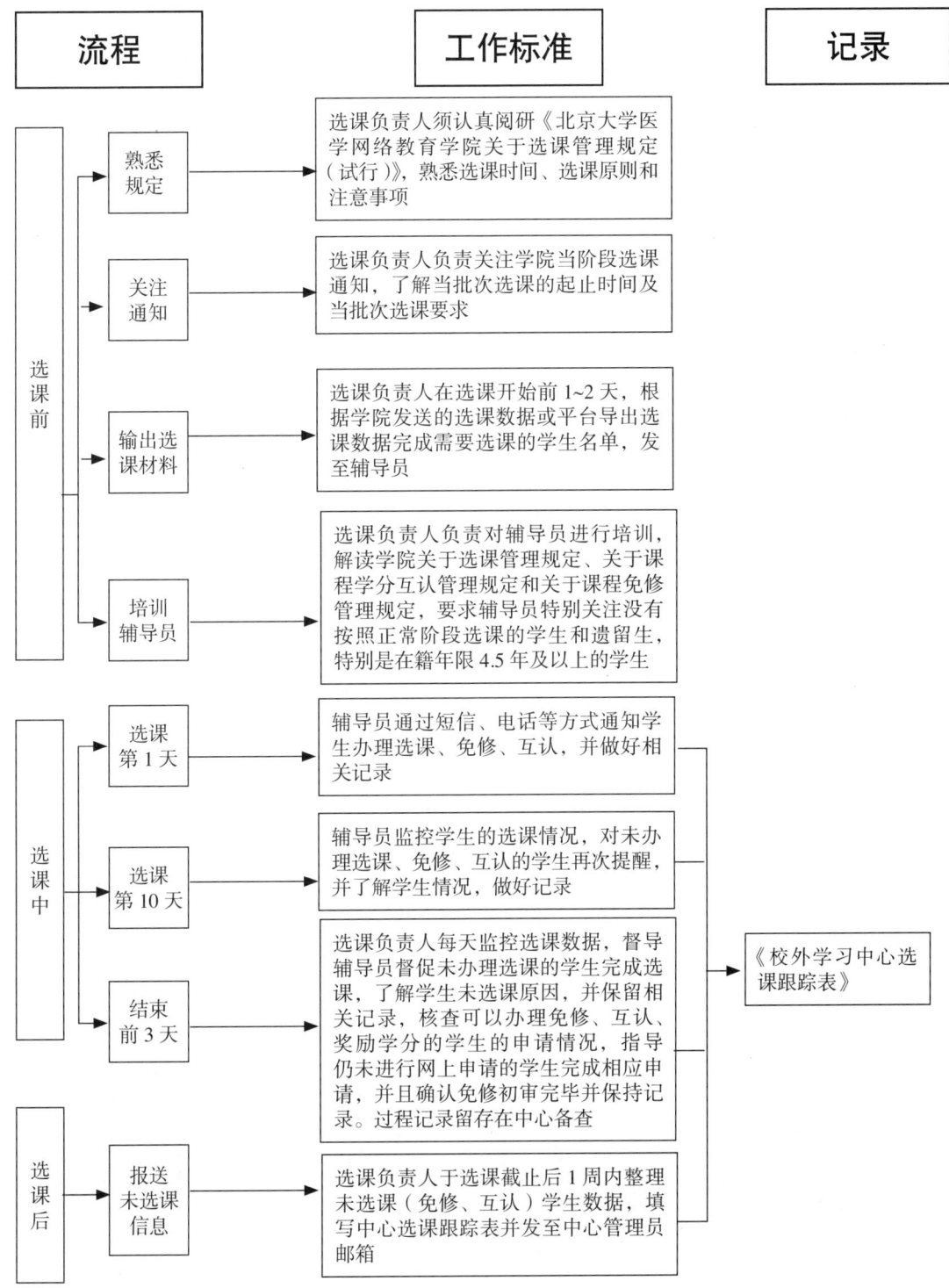

校外学习中心学生未选课跟踪

编号：ZX/XKDD-001

学习中心：

学籍年级	专业	层次	学号	姓名	课程名称	修课类型	沟通日期	沟通方式	不选原因

辅导员签字：　　　　　　　　　　　　　　　记录日期：

校外学习中心教材管理工作流程

目的：明确校外学习中心教材管理工作内容、职责、标准和要求，确保学生及时获得所需教材和相关学习材料。

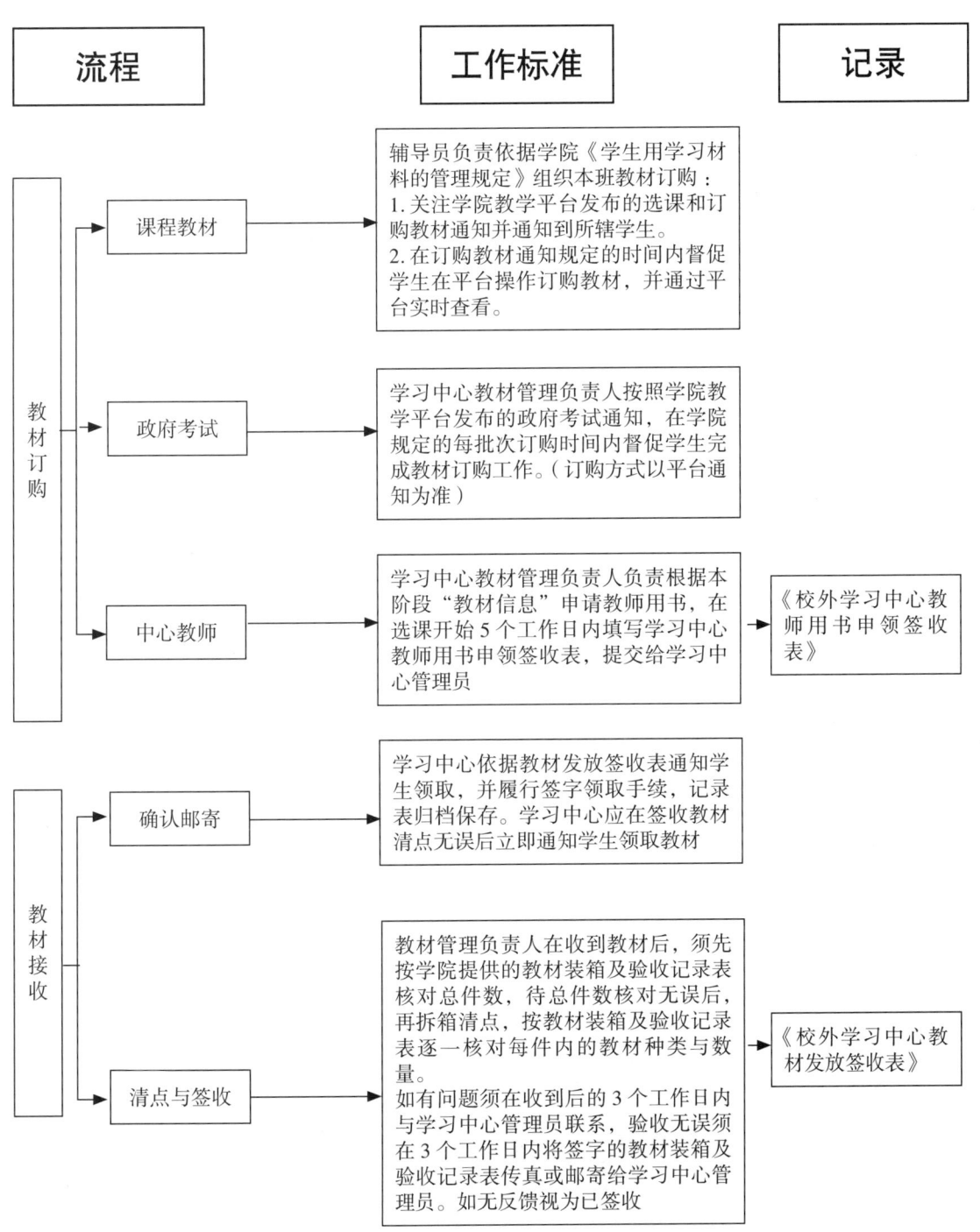

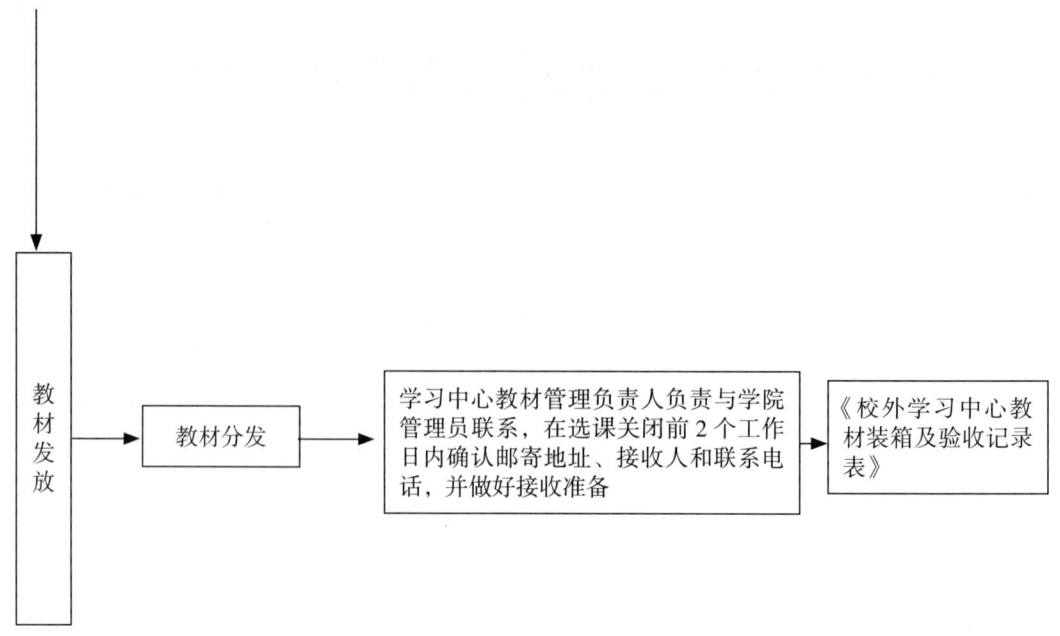

校外学习中心教师用书申领签收表

学习中心：　　　　　　　　　　　　　　　　　　　编号：ZX/XXCL-001

学习中心填写				
序号	教材编号	教材名称	申请教材数量	申请课件光盘数量

学习中心负责人签字：

　　　　　　　　　　　　　　　　公章　　　　日期：

教育推广与学生服务中心审批
结算方式：□自费　　□免费

审核人签字：　　　　　　批准人签字：　　　日期：

学习中心教材负责人签收

　　　　　　　　　　　　签收人签字：　　　日期：

校外学习中心教材装箱及验收记录表

批次：　　　　学习中心：　　　　（盖章）　　　　编号：ZX/XXCL-002

序号	教材类型	教材名称	教材编号	数量	箱号	验收情况
						□无误 □有误
						□无误 □有误
						□无误 □有误
						□无误 □有误
						□无误 □有误
						□无误 □有误
						□无误 □有误
						□无误 □有误
						□无误 □有误
						□无误 □有误
						□无误 □有误
						□无误 □有误
						□无误 □有误
						□无误 □有误
						□无误 □有误

问题描述	教材名称：　　　　　　　　　装箱数量：　　　　　　验收数量： 其他问题：
说明	1. 各学习中心收到教材后，请按此清单逐一核对包装箱内教材的种类和数量。 2. 如有问题请在收到后的3个工作日内与学习中心管理员联系，过期将不予处理。 3. 验收无误请在3个工作日内将此清单签字传真或邮寄至学习中心管理员。

验收人签字：　　　　　　　　　　　　　　　　　　　验收日期：

校外学习中心教材发放签收表

批次：　　　　　　学习中心：　　　　　　　　　　编号：ZX/XXCL-003

序号	学号	姓名	教材名称	领取签字

校外学习中心督学工作流程

目的：明确校外学习中心督学工作内容、职责、标准和要求，确保学生按时提交作业，确保实验辅导质量。

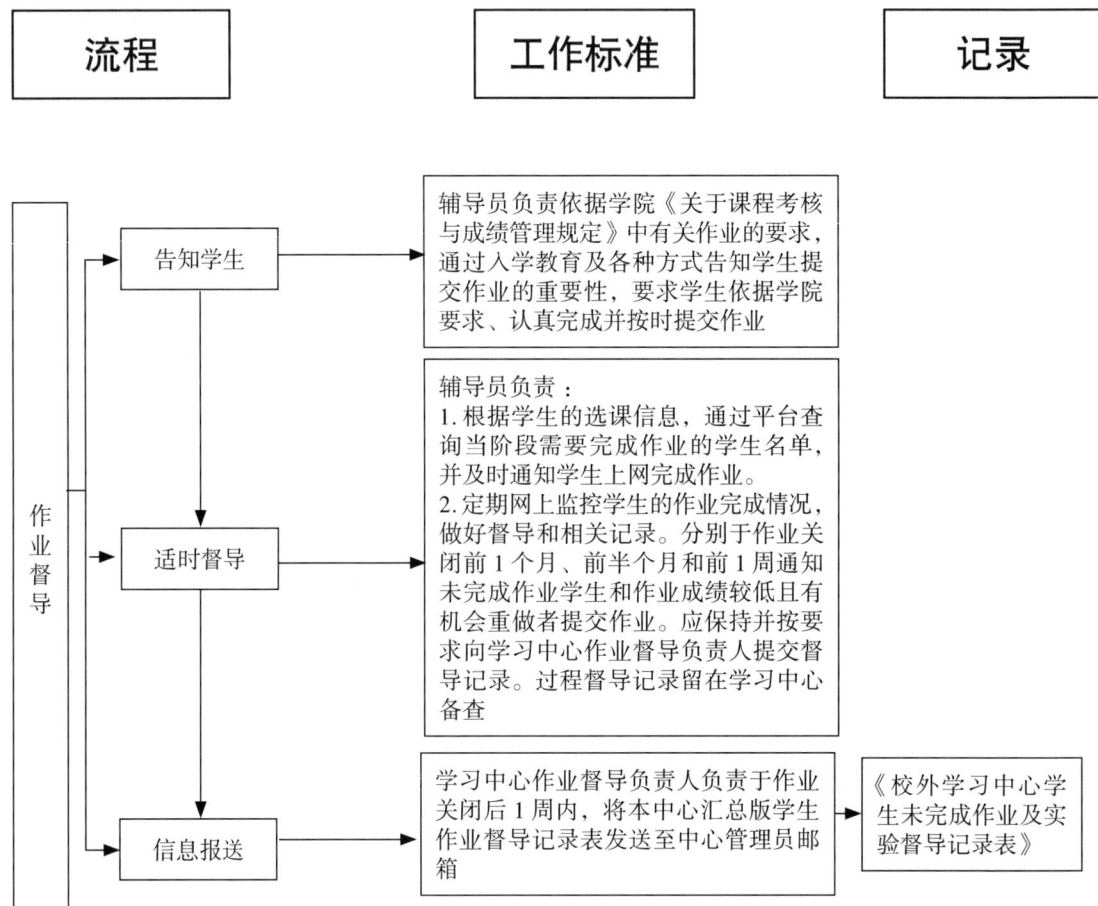

校外学习中心督学工作流程

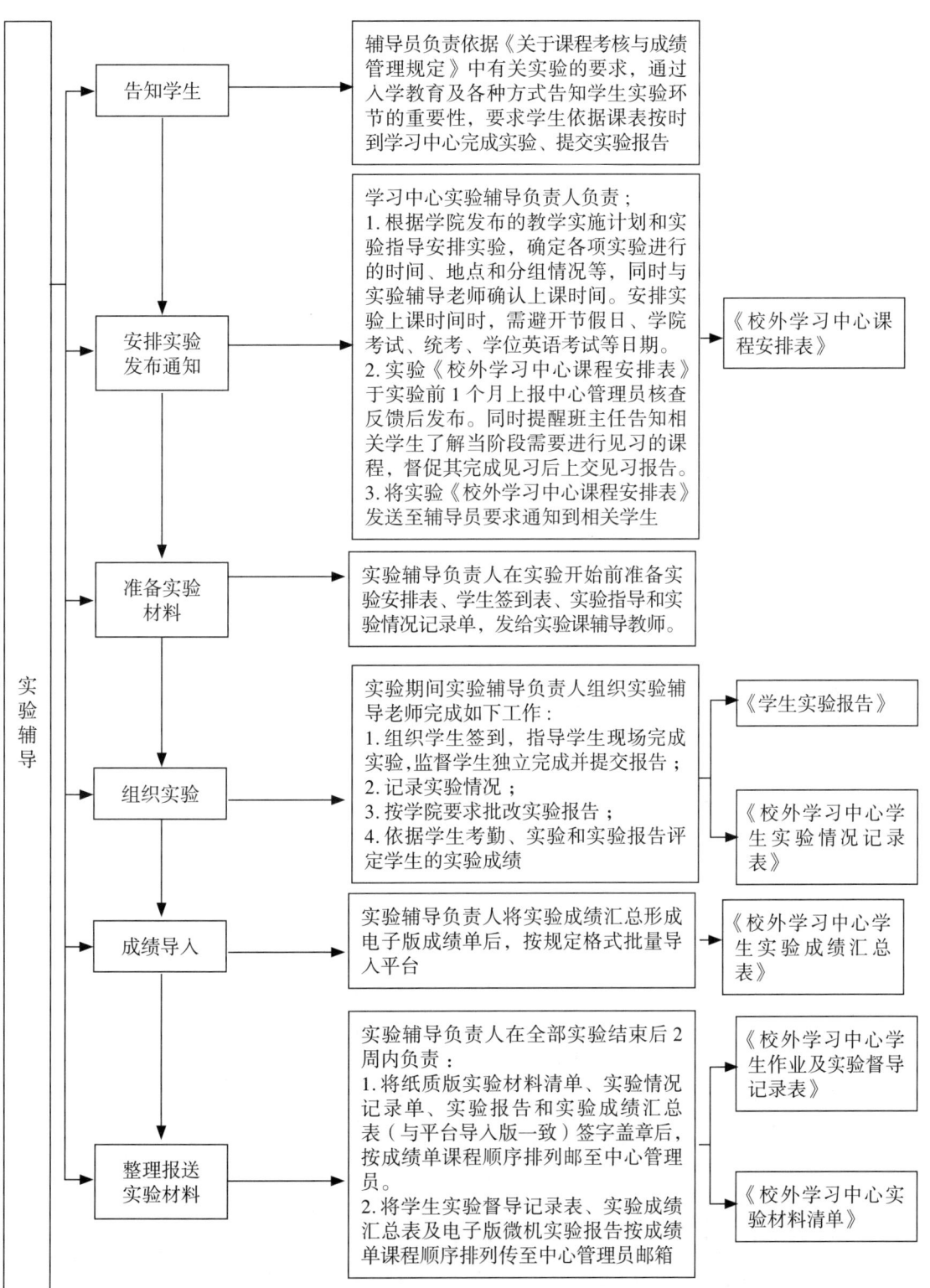

校外学习中心未完成作业及实验督导记录表

编号：ZX/SYZY-001

学习中心：

序号	专业	层次	学号	姓名	课程名称	未完成项	联系时间	未做原因	备注
						□作业 □实验			
						□作业 □实验			
						□作业 □实验			
						□作业 □实验			
						□作业 □实验			
						□作业 □实验			
						□作业 □实验			
						□作业 □实验			
						□作业 □实验			
						□作业 □实验			
						□作业 □实验			
						□作业 □实验			

填表人：　　　　　　　　　　　　　　　　　　　填表时间：

校外学习中心实验课程安排表

学习中心：　　　　　　　　　　　　　　　　　　　　　　　　　　　　　　　　　　　　　　编号：ZX/SYZY-002

序号	课程名称	实验日期	实验时间	实验地点	批次	专业	层次	辅导教师	备注

制表人：　　　　　　　　　　　　　　　　制表时间：　　　　　　　　　　　　　　　　审批人：

学生实验报告

学习中心_____姓名_____学号_____课程名称_____

● 实验内容：

● 实验目的及要求：

● 实验方法（步骤）：

分数：　　　　批阅教师：　　　　　年　　月　　日

第　页　共　页

校外学习中心实验情况记录表

学习中心：　　　　　　　　　　　　　　　　　　　　编号：ZX/SYZY-003

序号	课程名称	参加人数	时间	实验名称	实验地点	未交实验报告人数	备注

制表人：　　　　　　　　　　　　　　　　　　　　　　制表日期：

校外学习中心实验成绩汇总表

学习中心：　　　　　　　　　　　　　　　　　　编号：ZX/SYZY-004

序号	课程名称	学号	姓名	成绩

制表人：　　　　　　　　　　　　　　　　　　　制表日期：

校外学习中心实验材料清单

学习中心：　　　　　　　　　（盖章）　　　　　编　号：ZX/SYZY-005

实验报告	共　　页				
课程名称	学籍年级	专业	层次	数量	备注
实验情况记录单	共　　页				
纸质实验成绩汇总表	共　　页				

制表人：　　　　　　　　　　　　　　　　　　　制表日期：

校外学习中心政府考试组织工作流程

目的：明确校外学习中心政府考试组织工作的内容、职责、标准和要求，确保组织工作及时到位。

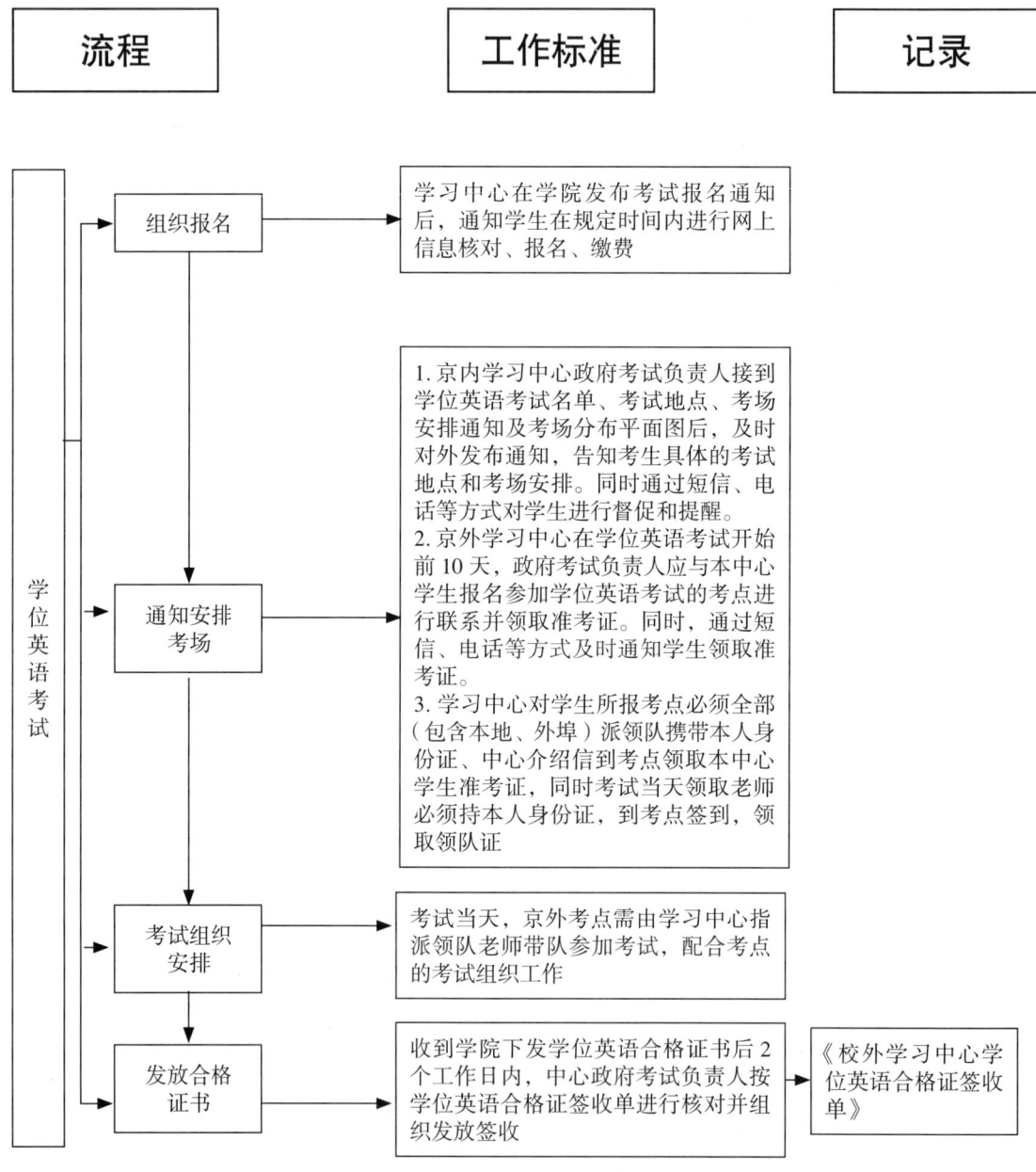

校外学习中心政府考试组织工作流程

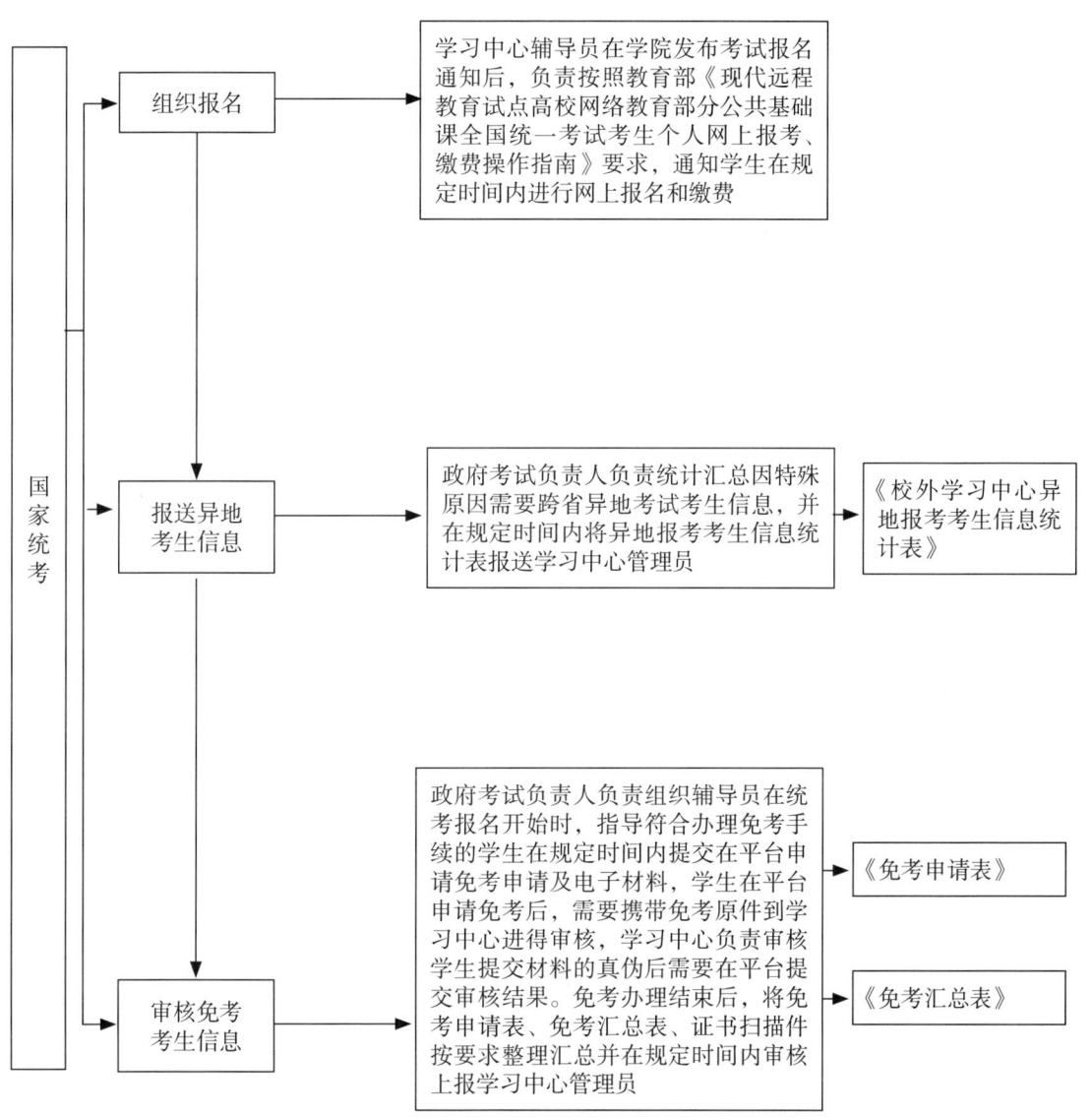

校外学习中心学位英语合格证签收单

学习中心：　　　　　　　　　　　　　　　　　　　　编号：ZX/ZFKS-002

序号	学号	姓名	合格证号	学生签名
学位英语合格证总数				
学院签收人签字		签收日期		
中心接收人签字		签收日期		

制表人：　　　　　　　　　　　　　　　　　　　　　　制表时间：

校外学习中心异地报考考生信息统计表

学习中心：　　　　　　　　（盖章）　　　　　　　编号：ZX/ZFKS-003

序号	考生姓名	考生学号	身份证号	网院或省电大代码	异地借考原因
试点高校网院或省级电大名称：					
高校负责老师姓名：　　　　　联系电话：					

制表人：　　　　　　　　　　　　　　　　　制表时间：

免考申请表

学习中心：　　　　　　　　（盖章）　　　　　　　编号：ZX/ZFKS-004

基本信息	姓名		性别		民族	
	就读试点高校	北京大学医学网络教育学院					
	学　号					
	专　业					
	身份证件类型	A：□居民身份证 B：□军人证件				
	身份证件号码					
	手　机			联系电话		

申请免考科目	□大学英语 A　　□大学英语 B　　□大学英语 C
	□大学语文 A　　□大学语文 B
	□高等数学 A　　□高等数学 B
	□计算机应用基础

申请免考原因	□已具有国民教育系列本科以上学历 □非计算机类专业，获得全国计算机等级考试一级 B 或以上级别证书 □非英语专业，获得大学英语四级或以上证书（2006 年 1 月 1 日前） □非英语专业，参加改革后的四、六级考试，成绩达到 420 分（2006 年 1 月 1 日前） □非英语专业，获得全国公共英语等级考试 PETS 三级或以上级别证书（《笔试成绩合格证》即可） □非英语专业，获得省级教育行政部门组织的成人教育学位英语考试合格证书 □非英语专业，入学注册时年龄满 40 周岁 □非英语专业，户籍（以身份证的为准）在少数民族聚居地区的少数民族学生 □日语专业，获得日本语能力测试（JLPT）三级或以上级别证书 □日语专业，获得日语专业四级或八级证书 □公共外语为日语，获得日本语能力测试（JLPT）四级或以上级别证书 □公共外语为日语，获得大学日语四级证书 □公共外语为俄语，获得大学俄语四级证书 □已参加统考，且成绩通过

学生签名		日期	年　　月　　日
学习中心审核意见	负责人签字盖章：	日期	年　　月　　日
就读网院审核意见	负责人签字盖章：	日期	年　　月　　日

注：1．以上内容应由学生填写，填表前请先仔细阅读《填表须知》。
　　2．学习中心审核材料原件，复印 2 份，其中 1 份学习中心留存，1 份上报网院。
　　3．网院最终审核批准，汇总后按程序上报网考办备案。
　　4．本表由网院留存。

XXXX 年 XX 月免考汇总表

编号：ZX/ZFKS-005

试点高校名称	北京大学	试点高校代码	10001

学习中心：

（盖章）

学院平台学号	姓名	学习中心代码[1]	免考科目代码[2]	免考科目名称[2]	免考原因代码[3]	免考原因[3]	上报教委学号[4]
0999212001	张三	01	69	计算机应用基础	2	非计算机类专业，获得全国计算机等级考试一级B或以上级别证书	
0999212002	李四	02	71	大学英语B	5	非英语专业，省级教育行政部门组织的成人教育学位英语考试合格证书	

备注：

[1] 学习中心代码：例如：新疆 01，桂林 02

[2] 免考科目代码及免考科目名称有以下：66 大学语文B，69 计算机应用基础，71 大学英语B

[3] 免考原因说明及代码有以下：请必须参照以下

1：已具有国民教育系列本科以上学历

2：非计算机类专业，获得全国计算机等级考试一级B或以上级别证书

3：非英语专业，获得大学英语等级考试 CET 四级或以上级别证书

4：非英语专业，获得全国公共英语等级考试 PETS 三级或以上级别证书

5：非英语专业，省级教育行政部门组织的成人教育学位英语考试合格证书

6：非英语专业，入学注册时年龄满40周岁

7：非英语专业，户籍（以身份证为准）在少数民族聚居地区的少数民族学生

8：日语专业，获得日本语能力测试（JLPT）三级或以上级别证书

9：日语专业，获得日语专业四级或人级证书

10：公共外语为日语，获得大学日语四级证书

11：公共外语为日语，获得大学日语四级证书

12：公共外语为俄语，获得大学俄语四级证书

13：已参加统考，且成绩通过

[4] 上报教委学号：如果有以前是单科学习现在转成在籍的学生，请在此列填写转在籍之后的学号，即上报学号，可以在学院平台查询。学号没有变化的此列不填。

校外学习中心毕业实习管理流程

目的：明确校外学习中心学生毕业实习管理工作的内容、职责、标准和要求，确保实习工作管理质量。

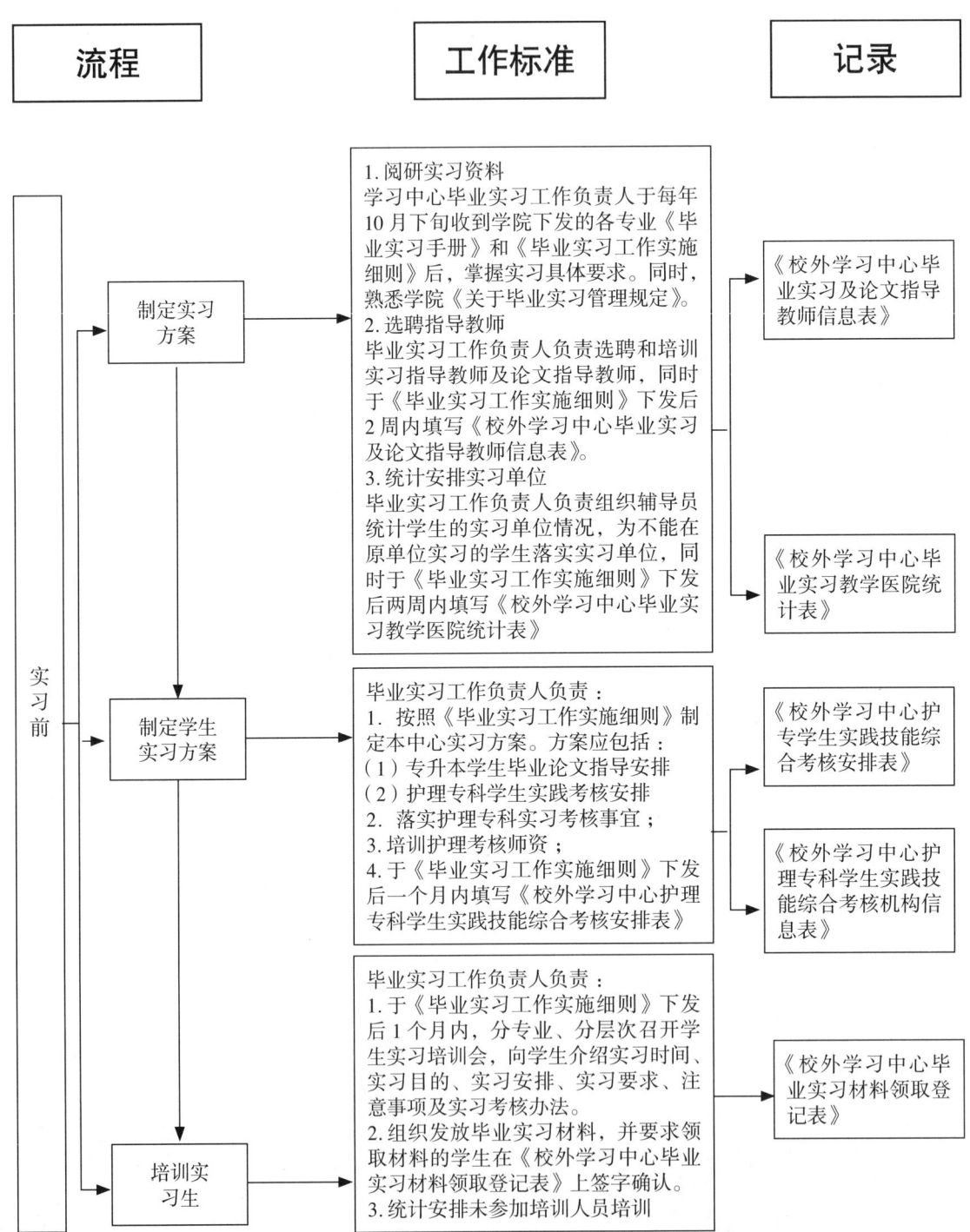

校外学习中心毕业实习管理流程

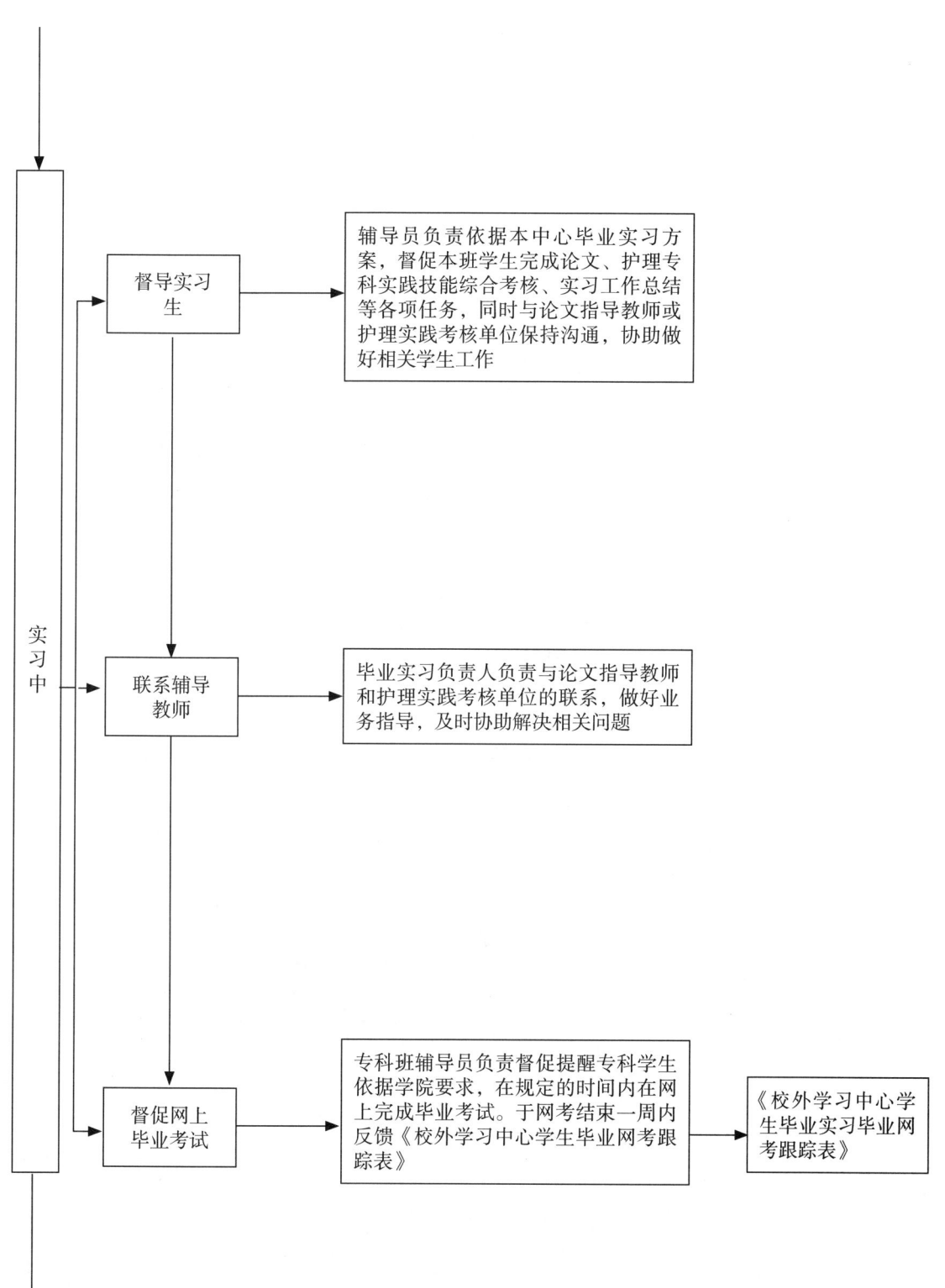

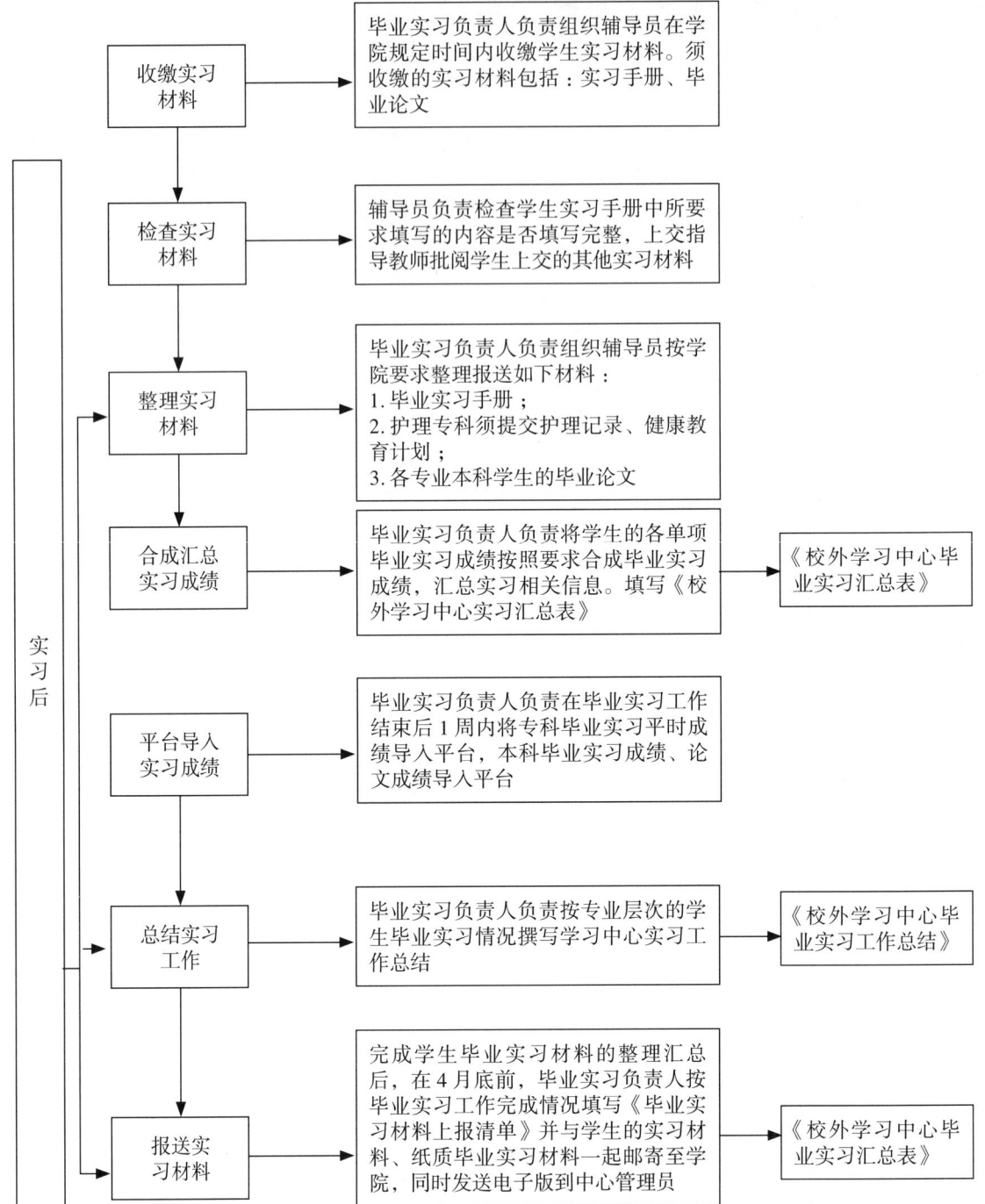

校外学习中心毕业实习及论文指导教师信息表

学习中心：　　　　　　　　　　　　　　　　　　　　　　　　　编号：ZX/BYSX-001

序号	姓名	学历	专业	职称	工作单位	联系电话	电子邮箱	辅导专业	辅导项目	论文辅导人数
									□实习 □论文	
									□实习 □论文	
									□实习 □论文	
									□实习 □论文	
									□实习 □论文	
									□实习 □论文	
									□实习 □论文	
									□实习 □论文	
									□实习 □论文	

（盖章）

制表人：　　　　　　　　　　　　　　　　　　　　　　　　　制表日期：

校外学习中心毕业实习教学医院统计表

学习中心：　　　　　　　　　（盖章）　　　　　编号：ZX/BYSX-002

专业[5]	单位名称[6]	单位级别[7]	实习人数

制表人：　　　　　　　　　　　　　　　　制表日期：

---

[5]专业：填写护理、药学、公共事业管理和医学信息管理
[6]单位名称：填写医院、药房、药厂等名称
[7]单位级别：护理实习的医院要求为"二级甲等"以上

校外学习中心护理专科学生实践技能综合考核安排表

学习中心：　　　　　　　　　（盖章）　　　　　　编号：ZX/BYSX-003

序号	学号	姓名	考核科室	考核医院	考核时间
1					
2					
3					
4					
5					
6					
7					
8					
9					
10					
11					
12					
13					
14					
15					
16					

制表人：　　　　　　　　　　　　　　　　　　　　制表日期：

校外学习中心护理学专科学生
实践技能综合考核机构信息表

学习中心： （盖章） 编号：ZX/BYSX-004

医院名称	医院级别	考核学生数	备注

制表人： 日期：

校外学习中心毕业实习材料领取登记表

编号：ZX/BYSX-005

学习中心：

（盖章）

层次	学号	姓名	毕业实习材料领取			领取人签字
			毕业生登记表	实习手册	填表说明	

制表人：　　　　　　　　　　　　　　　　　　　　　　　制表时间：

校外学习中心学生未参加毕业网考跟踪表

编号：ZX/BYSX-006

学习中心：

学籍年级	专业	层次	学号	姓名	沟通日期	沟通方式	未网考原因

制表人：　　　　　　　　　　　　　　记录日期：

校外学习中心毕业实习汇总表

编号：ZX/BYSX-007

学习中心：　　　　　　　　　　（盖章）

层次	学号	姓名	实习单位及科室	实习指导教师	实习成绩	毕业论文题目	论文指导教师	毕业论文成绩

制表人：　　　　　　　　　　　　　　　　　　　　制表时间：

校外学习中心毕业实习工作总结

学习中心：　　　　　　　　　（盖章）　　　　　　编号：ZX/BYSX-008

专业	层次	应参加人数	实习 总人数	实习 完成率

总结：（请按专业、层次分别进行总结。例如：护理专升本、护理专科、药学专升本、药学专科）
1. 分别总结本中心各专业、层次学生实习存在哪些问题？

2. 实习教学医院学院实习工作有何反馈？

3. 学习中心对学院实习工作有何意见和建议？

总结人：　　　　　　　　　　　　　　　　　　　　日期：

20____年____学习中心实习材料上报清单

学习中心：　　　　　　（签章）　　　　　　　　　　　编号：ZX/BYSX-009

编号	材料名称	份数或页数	备注
00	实习材料上报清单		
01	01 校外学习中心毕业实习及论文指导教师信息表		
02	02 校外学习中心毕业实习教学医院统计表		
03	03 校外学习中心护理学专科学生实践技能综合考核安排表		
04	04 校外学习中心护理学专科学生实践技能综合考核机构信息表		
05	05 校外学习中心毕业实习材料领取登记表		
06	06 校外学习中心学生毕业网考跟踪表		
07	07 校外学习中心毕业实习汇总表		
08	08 校外学习中心毕业实习工作总结		
09	09 校外学习中心毕业生登记表回收汇总表		

制表人：　　　　　　　　　　　　　　　　　制表日期：

毕业实习手册上交清单

学习中心：　　　　　　　　（盖章）　　　　　　　编号：ZX / BYSX-010

专业	层次	其他材料	册数	备注
护理	专科	1份护理记录、1份健康教育计划		
护理	专升本 / 高起本	1份毕业论文、1份护理记录、1份护理管理或护理教学计划		
药学	专科	无		
药学	专升本 / 高起本	1份毕业论文		
公共事业管理	专升本	1份毕业论文		
医学信息管理	专科	无		
医学信息管理	专升本 / 高起本	1份毕业论文		
应用心理学	专升本 / 二学历	1份毕业论文		

制表人：　　　　　　　　　　　　　　　　　　　制表日期：

校外学习中心学籍异动管理工作流程

目的：明确校外学习中心学生学籍异动管理工作内容、职责、标准和要求，确保学籍管理工作质量。

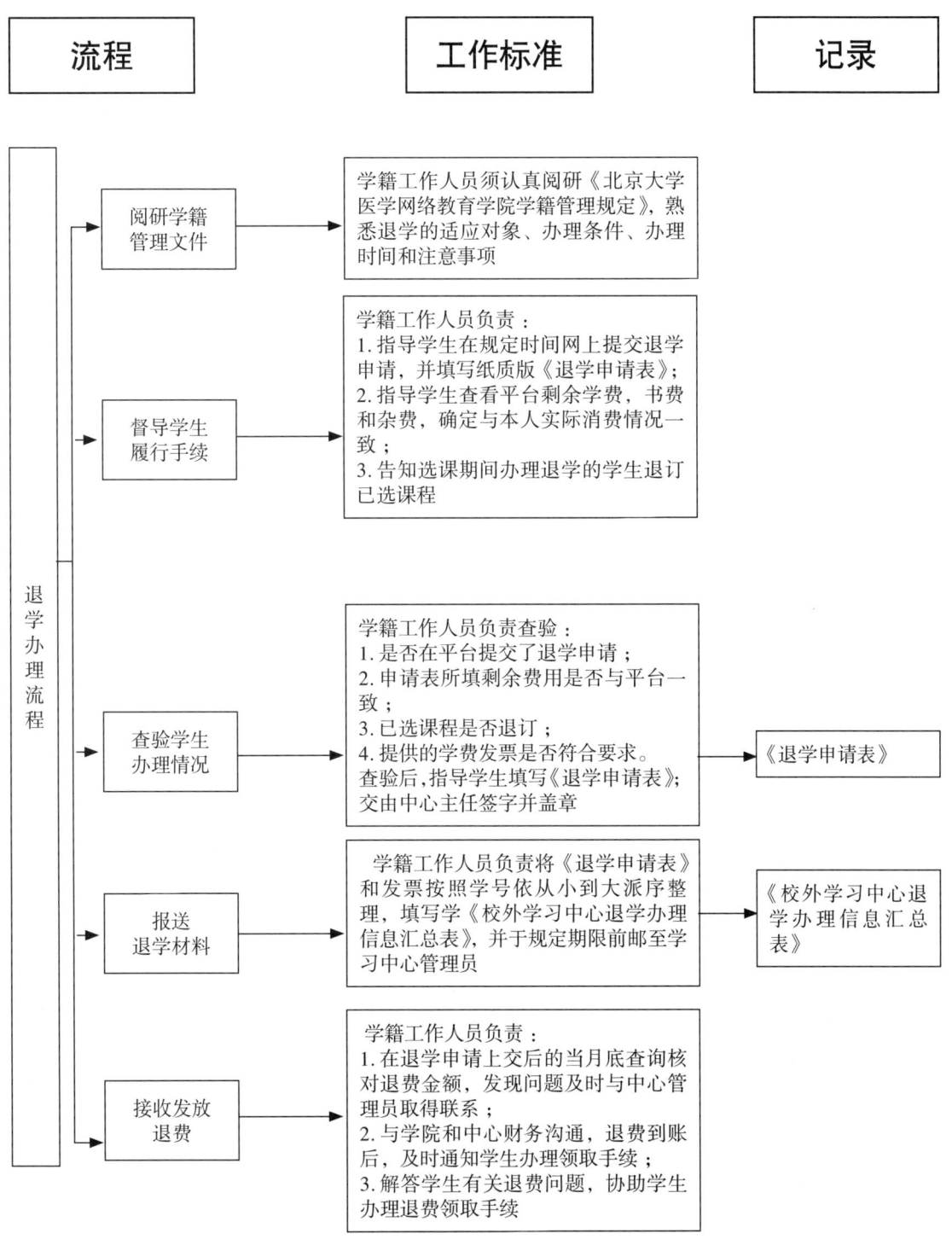

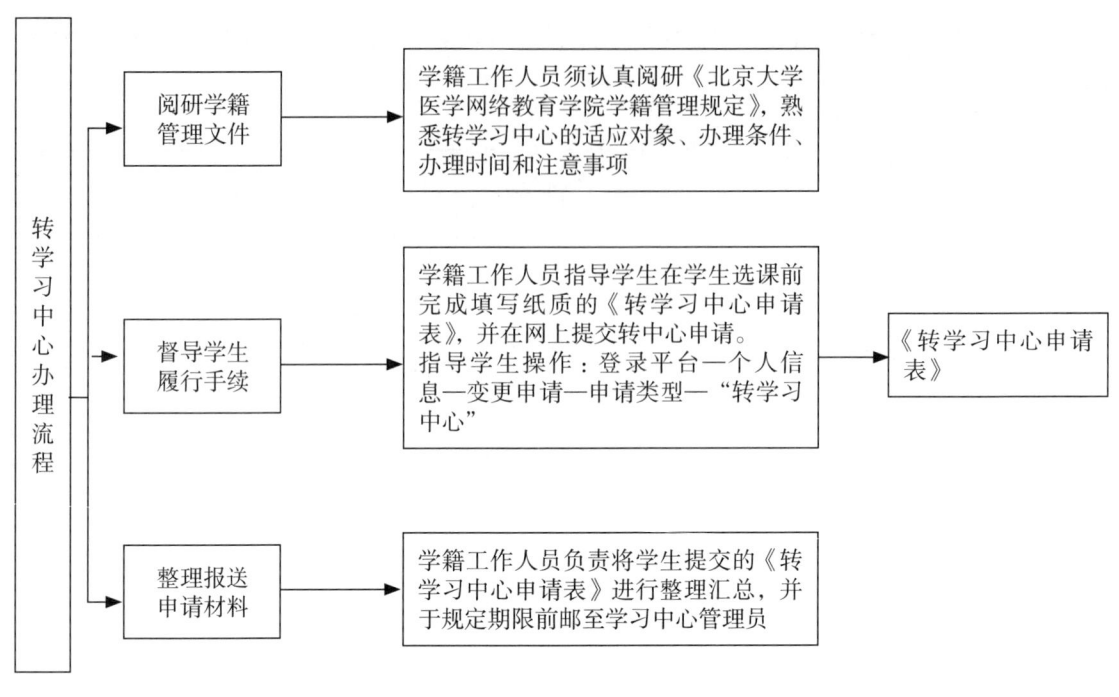

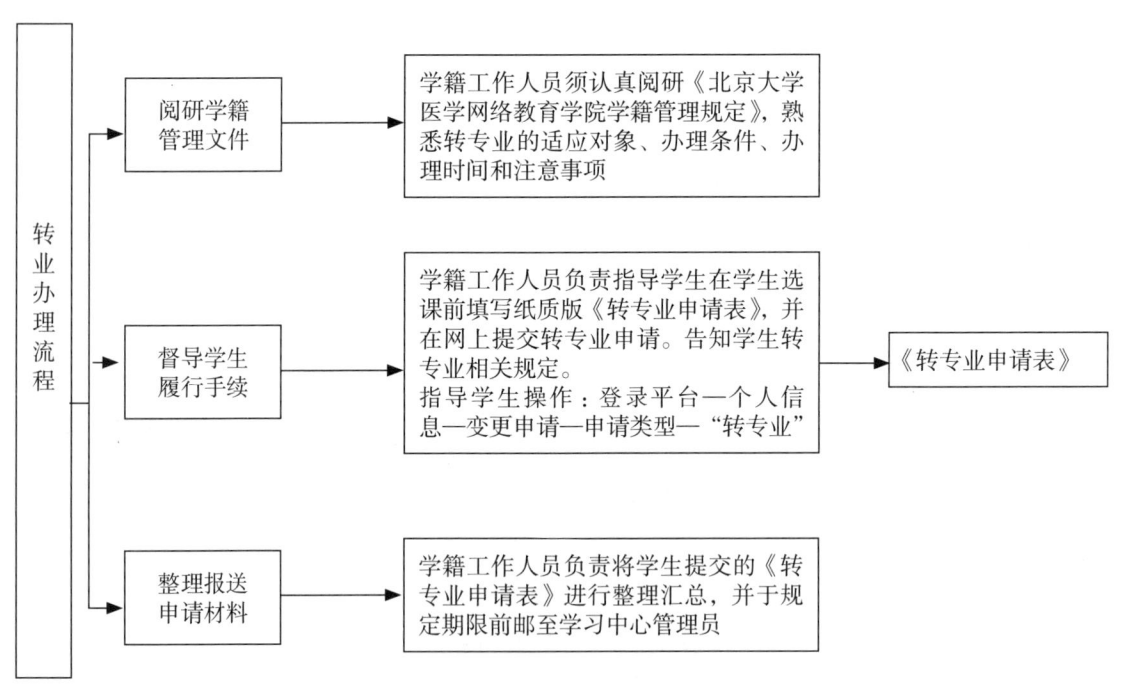

校外学习中心退学办理信息汇总表

学习中心：　　　　　　　　（盖章）　　　　　　　　编号：ZX/XJYD-001

序号	学号	姓名	发票金额	退学申请表	剩余学费	剩余书费	剩余费用合计
1				□有 □无			
2				□有 □无			
3				□有 □无			
4				□有 □无			
5				□有 □无			
6				□有 □无			
7				□有 □无			
8				□有 □无			
9				□有 □无			
10				□有 □无			
11				□有 □无			
12				□有 □无			
13				□有 □无			
14				□有 □无			
15				□有 □无			
16				□有 □无			
17				□有 □无			
18				□有 □无			
19				□有 □无			
学习中心负责人签字			中心管理员签字			接收日期	年 月 日
备注		剩余学费、剩余书费和剩余费用合计栏由中心管理员填写					

制表人：　　　　　　　　　　　　　　　　　　制表时间：

校外学习中心毕业与学位管理工作流程

目的：明确校外学习中心学生毕业与学位管理工作内容、职责、标准和要求，确保毕业与学位管理工作质量。

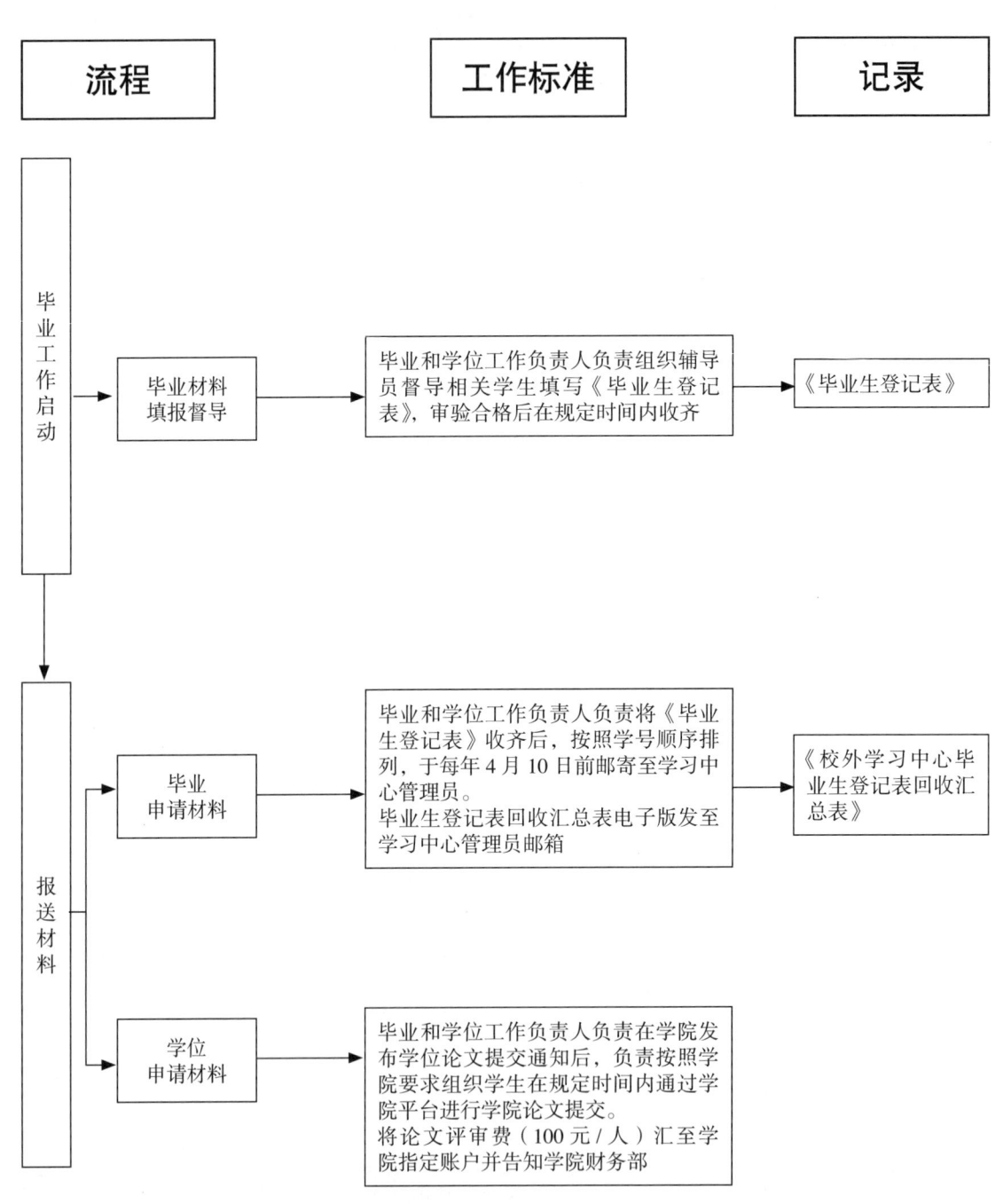

校外学习中心毕业实习管理流程

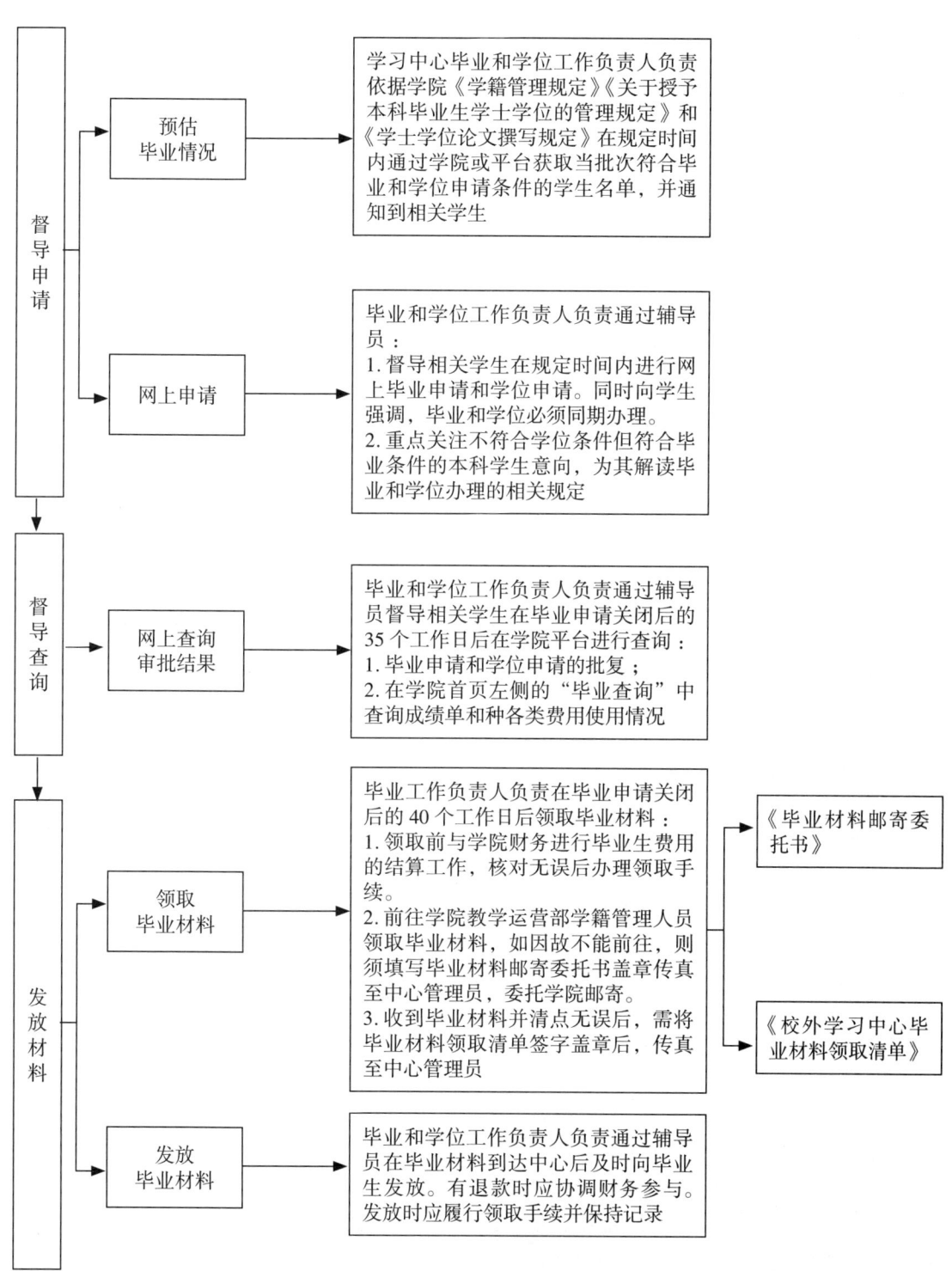

校外学习中心毕业生登记表回收汇总表

（20　秋/春）

学习中心：　　　　　　　　　　（盖章）　　　　　　编号：ZX/BYXW-002

序号	招生批次	专业	层次	平台学号	姓名	毕业生登记表	备注
中心管理员签字			接收时间			年　月　日	

制表人：　　　　　　　　　　　　　　　　　　　　　制表时间：

序号： 　　　　　　　　　　　　　　　　　　编号：ZX/BYXW-004

毕业材料邮寄委托书

（学习中心使用）

北京大学医学网络教育学院：

　　_____学习中心委托北京大学医学网络教育学院将我中心 20_____（春／秋）毕业材料以邮寄的方式送达指定地址。

我中心已知晓并承担邮寄过程中存在的全部风险。

邮寄材料包括：（请划勾选择）
☐ 毕业生档案；
☐ 毕业证书；
☐ 毕业证书封皮；
☐ 学位证书；
☐ 学位证书封皮。

邮寄地址：_____

邮政编码：_____

收件人：_____ 联系电话：_____

　　　　　　　　　　　学习中心负责人签字：
　　　　　　　　　　　经办人签字：
　　　　　　　　　　　　　日期：　　　年　　月　　日

校外学习中心毕业材料领取清单

学习中心：　　　　　　　　（盖章）　　　　　　编　号：ZX/BYXW-005

序号	层次	毕业证数量	学位证数量	档案数量	照片数量
1	专科				
2	专升本				
总计					
毕业生名单					
毕业证书封皮					
学位证书封皮					
备注：					
费用结算情况： 北京大学医学网络教育学院财务（签字）： 　　　　　　　　　　年　　月　　日					
毕业证书、档案发放人（签字）					
学习中心领取人（签字）					
发放日期	年　　月　　日				

制表人：　　　　　　　　　　　　　　　　　　　制表时间：

校外学习中心学院考试工作流程

目的：明确校外学习中心学院考试实施中的工作内容、职责、标准和要求，确保学院考试工作的规范化实施。

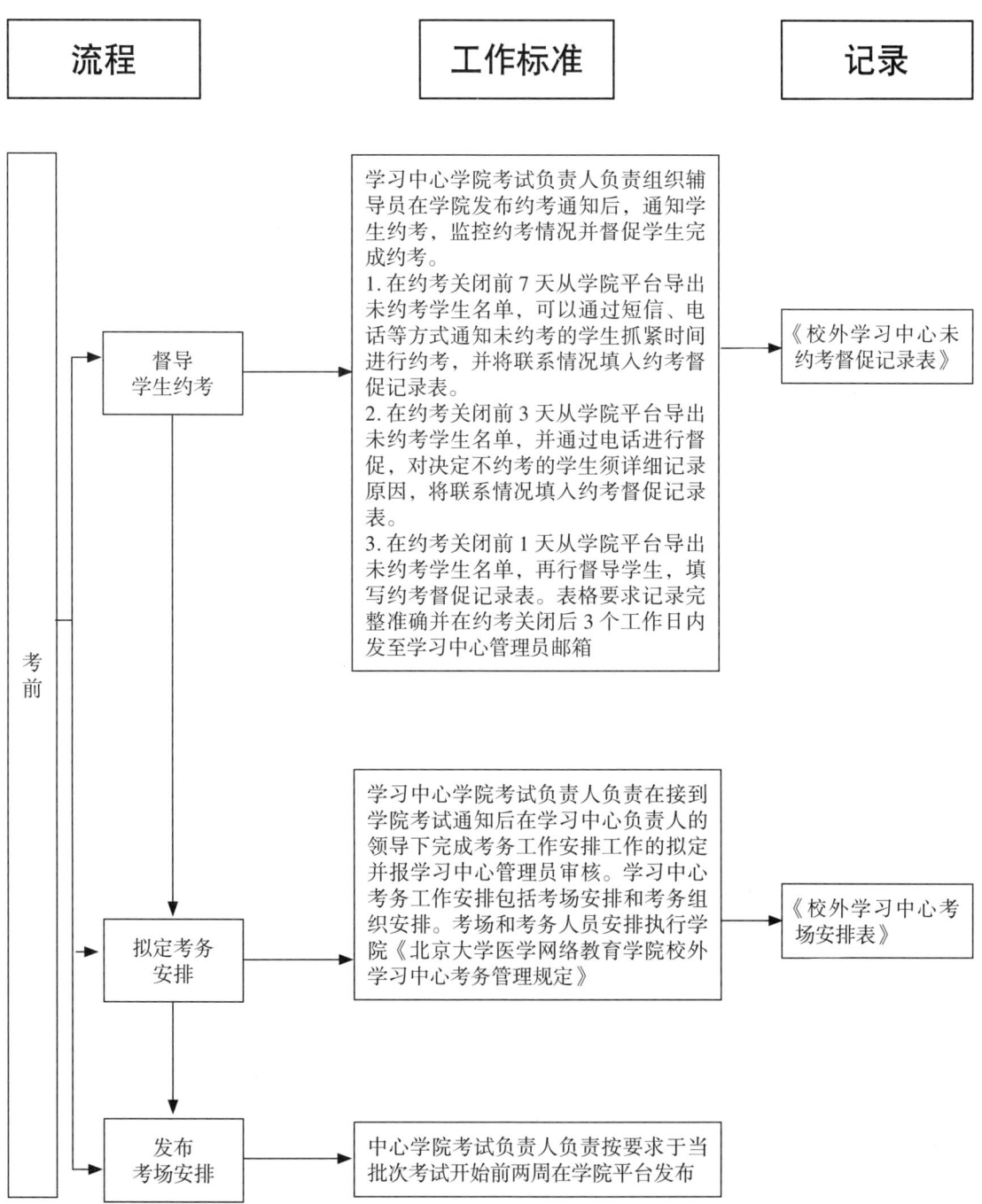

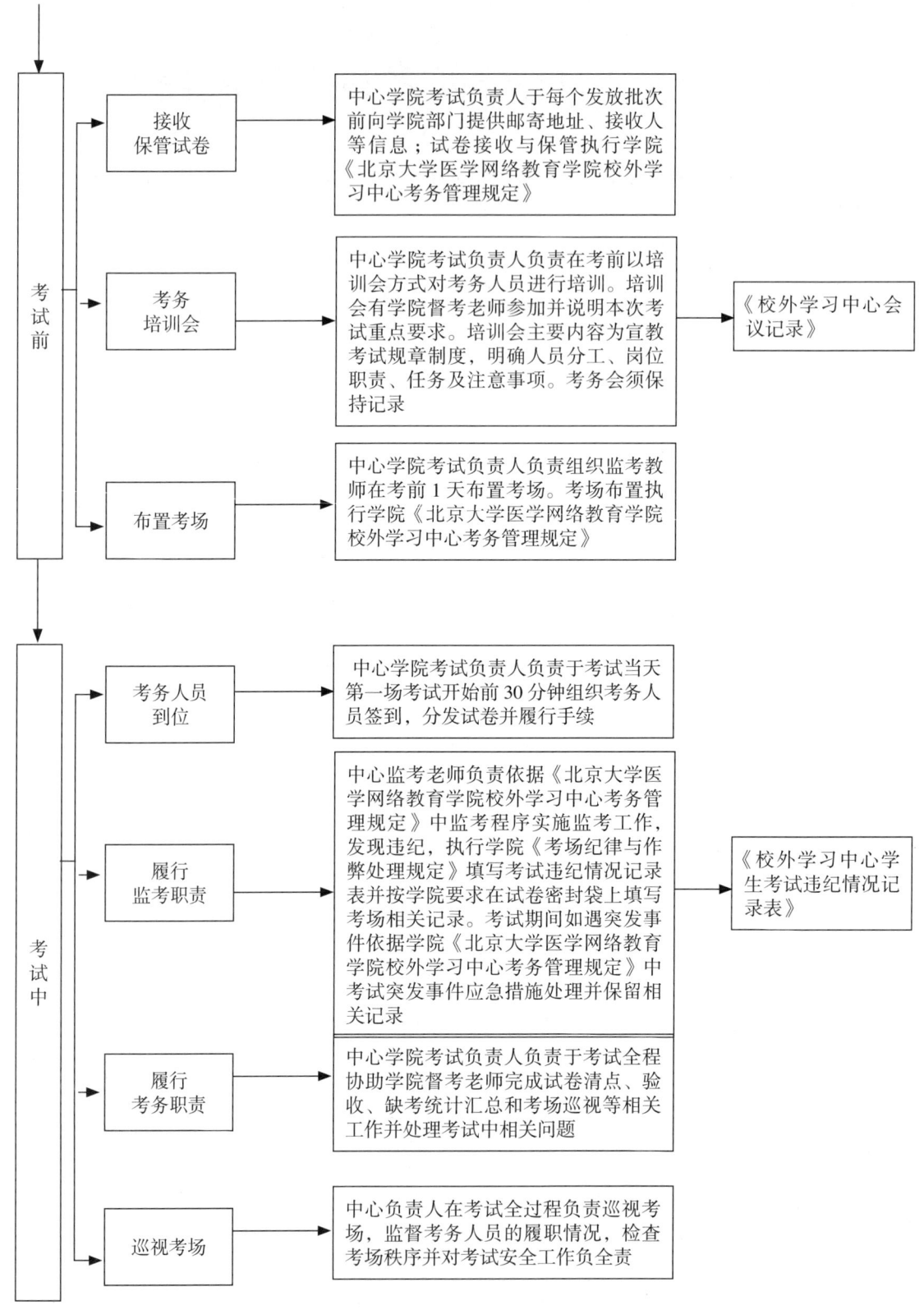

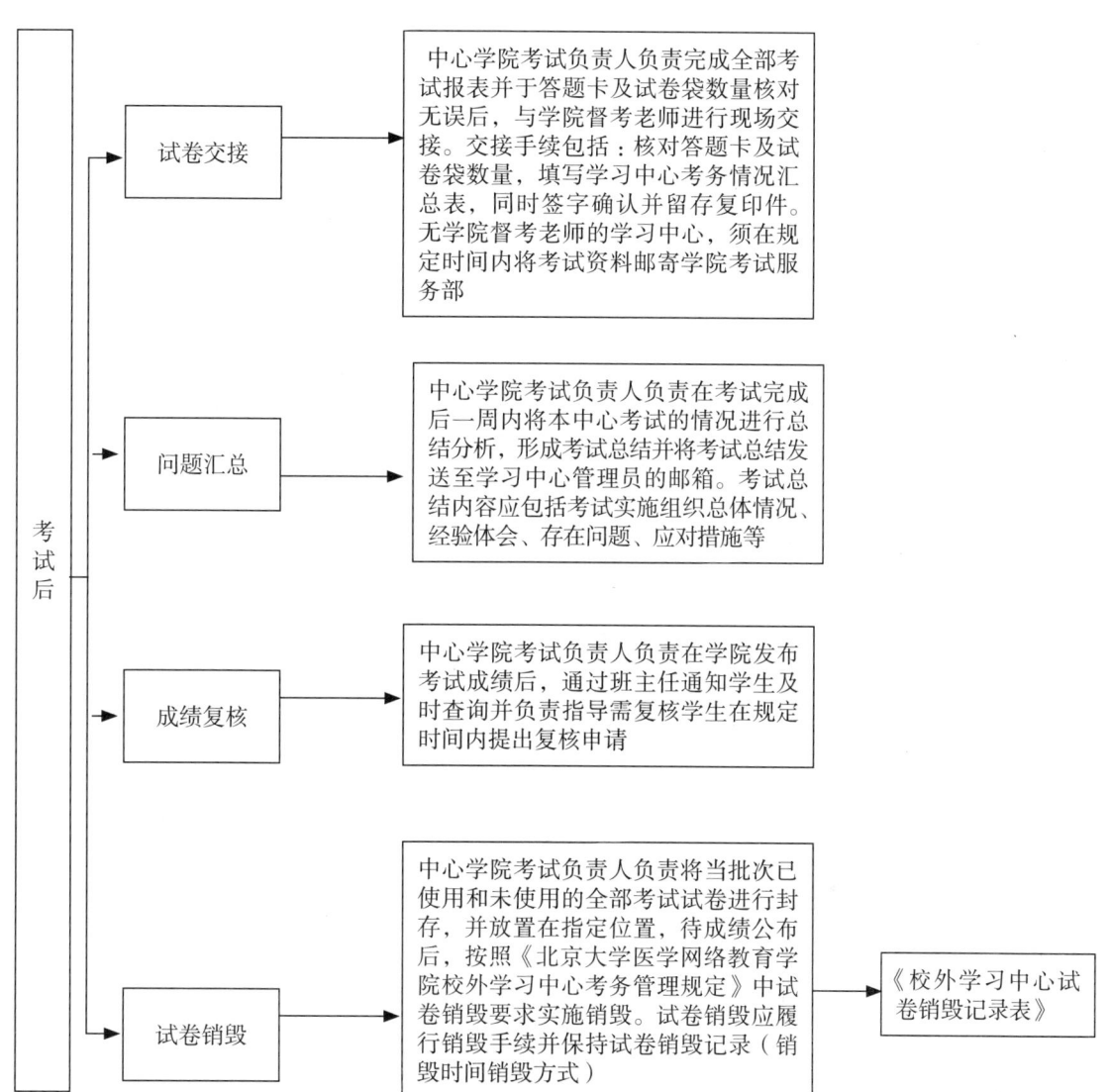

校外学习中心未约考督促记录表

学习中心：　　　　　　　考试批次：　　　　　　　编号：ZX/XYKS-001

序号	学号	姓名	课程名称	沟通时间	沟通方式	未约考原因

记录人：　　　　　　　　　　　　　　　　　　　　　　记录时间：

校外学习中心考场安排表

学习中心：   编号：ZX/XYKS-002

学习中心	课程名称	课程代码	学生姓名	学生学号	考试日期	考试时间	考场地址	座位号

制表：   制表日期：

校外学习中心会议记录

学习中心：　　　　　　　　　　　　　　　　　　编号：ZX/XYKS-004

日　期		时　间		地　点	
主持人		议　题			
会议签到					
会议记录					

校外学习中心学生考试违纪情况记录表

学习中心：　　　　　（盖章）　　考试批次：　　年　月　编号：ZX/XYKS-005

姓　名		学　号		专业层次	
考试时间		考试地点		考试科目	
作弊记录	违纪情节描述： 监考老师签名：　　　　　　　　　督考老师签名：				
备注					

校外学习中心试卷销毁记录表

【   】学习中心郑重承诺，本次北京大学医学网络教育学院【   】年【   】月课程考试试卷袋中的试题卷已经按要求进行销毁，验卷人对所有试卷逐份进行核对和确认，所销毁试题卷中无学生做答的答题卷或答题卡。销毁数量与试卷装箱清单试卷数量一致（后附）。

序号：   编号：ZX/XYKS-006

考试批次名称			
试卷数量		销毁日期	
销毁方式		销毁地点	
销毁情况说明			
经办人		复核人	

学习中心负责人签字：
（公章）

填写说明：
1. 在每次考试成绩正式发布后，由学习中心在销毁试题卷时填写；
2. 请如实填写，如有不符应作说明；

校外学习中心单科学习转在籍管理工作流程

目的：明确校外学习中心单科学习转在籍管理工作内容、职责、标准和要求，确保转在籍工作的规范化管理。

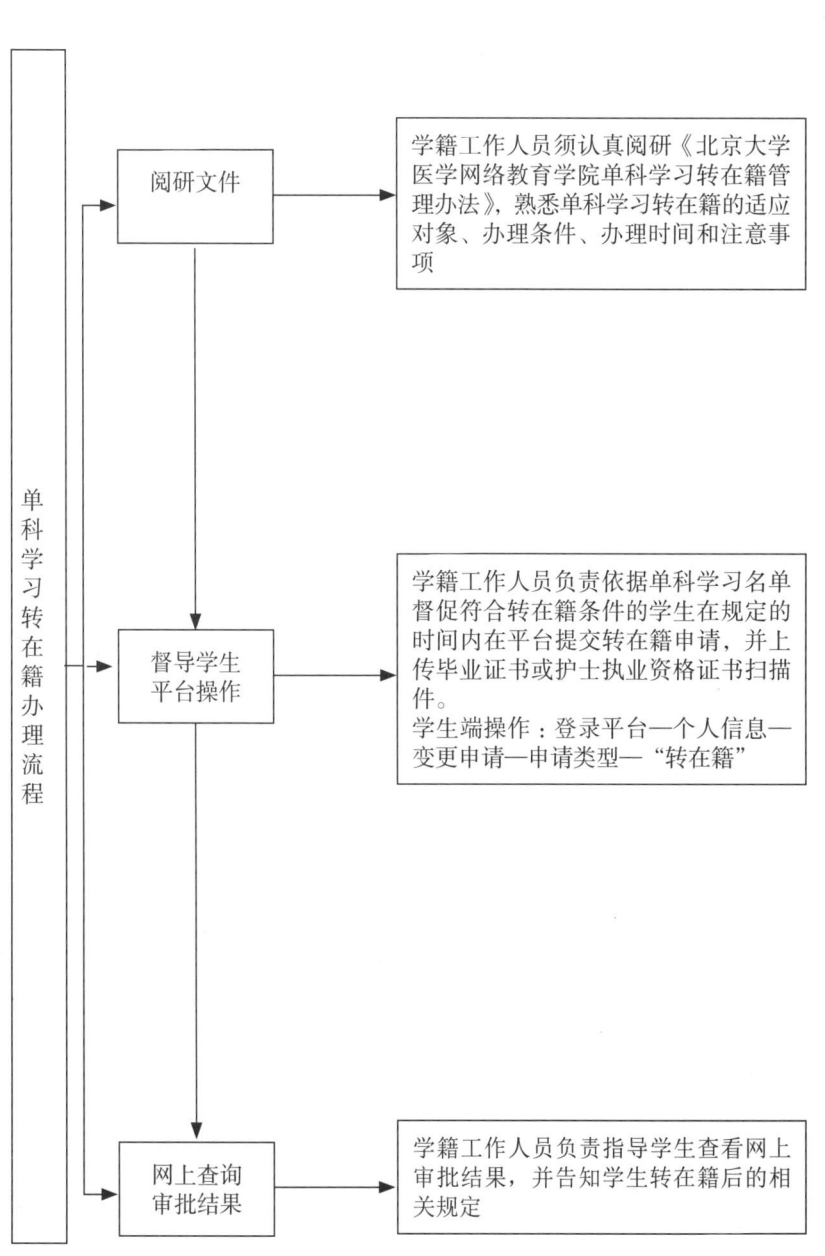

相关法律法规文件

1. 中华人民共和国教师法（中华人民共和国主席令 15 号 1994 年 1 月 1 日实施）
2. 中华人民共和国教育法（中华人民共和国主席令第 45 号 1995 年 9 月 1 日实施）
3. 中华人民共和国职业教育法（1996 年 9 月 1 日实施）
4. 中华人民共和国高等教育法（1999 年 1 月 1 日实施）
5. 中华人民共和国学位条例（中华人民共和国主席令 2004 年 3 月 28 日实施）
6. 教育部关于同意北京大学开展现代远程教育试点工作的批复（教高厅 [2000]1 号）
7. 北京大学关于成立医学网络教育学院的通知（北京大学校发 [2000]169 号）
8. 关于支持若干所高等学校建设网络教育学院开展现代远程教育试点工作的几点意见（教高厅 [2000]10 号）
9. 教育部办公厅关于印发《关于现代远程教育校外学习中心（点）建设和管理的原则意见》（试行）的通知（教高厅 [2002]1 号）
10. 教育部关于加强高校网络教育学院管理提高教学质量的若干意见（教高 [2002]8 号）
11. 教育部、卫生部关于举办高等医学教育的若干意见（教高 [2002]10 号）
12. 教育部办公厅关于印发《现代远程教育校外学习中心（点）暂行管理办法》的通知（教高厅 [2003]2 号）
13. 关于加快对现有现代远程教育校外学习中心（点）清理整顿工作的通知（教高司函 [2004]141 号）
14. 教育部办公厅关于对现代远程教育试点高校网络教育学生部分公共课实行全国统一考试的通知（教高厅 [2004]2 号）
15. 教育部关于开展现代远程教育试点高校网络教育部分公共基础课全国统一考试试点工作的实施意见（教高 [2004]5 号）
16. 国家教育考试违规处理办法（中华人民共和国教育部令第 18 号 2004 年 5 月 19 日发布，2012 年 1 月 5 日修订）